U0501012

中国思想简史

[日] 武内义雄 著

汪馥泉 译

北京联合出版公司
Beijing United Publishing Co.,Ltd.

图书在版编目（CIP）数据

中国思想简史 /（日）武内义雄著；汪馥泉译. — 北京：北京联合出版公司，2018.12
ISBN 978-7-5502-8810-2

Ⅰ. ①中… Ⅱ. ①武… ②汪… Ⅲ. ①思想史－中国 Ⅳ. ①B2

中国版本图书馆CIP数据核字（2018）第255828号

中国思想简史

作　　者：（日）武内义雄
译　　者：汪馥泉
产品经理：权　一
责任编辑：管　文
特约编辑：金宛霖

北京联合出版公司出版
（北京市西城区德外大街83号楼9层　100088）
北京联合天畅文化传播公司发行
天津丰富彩艺印刷有限公司印刷　新华书店经销
字数165千字　880mm×1270mm　1/32　印张 8.75
2018年12月第1版　2018年12月第1次印刷
ISBN 978-7-5502-8810-2
定价：68.00元

未经许可，不得以任何方式复制或抄袭本书部分或全部内容
版权所有，侵权必究
如发现图书质量问题，可联系调换。
质量投诉电话：010-57933435/64243832

出版说明

　　《中国思想简史》是武内义雄思想史研究集大成之作，也是他所有著作中最著名的一本，读者极广。有别于传统的以不同哲学体系连续记录中国思想史的其他著作，这本书旨在阐明思想发展的具体过程，同时讲述儒家思想（特别是宋学）对佛教和道教的影响。民主人士、翻译家汪馥泉对此书大为赞赏，悉力翻译成信雅晓畅的中文，从而受到世人很高的评价。本书与其后出版的冯友兰《中国哲学简史》并称划时代著作。

　　武内义雄是三重县内部村小古曾（现四日市）人，字谊卿，号述庵，明治十九年（1886），生于真宗高田派的愿誓寺。父亲义渊是有名的学僧。武内在京都帝国大学文科大学攻读中国哲学史，毕业后，在大阪府立图书馆工作，担任怀德堂讲师，不久，到仙台的东北帝国大学法文学部担任教授，开设中国哲学讲座，历任法学文学部部长、图书馆馆长等要职，后退休，成为名誉教授，同年任日本学士院会员，后又任名古屋大学文学部讲师。昭和三十五年（1960），他以文化功劳者接受表彰，昭和四十一年（1966），以八十岁的高寿过世。"二战"中，昭和天皇为深入了解中国，特以极高礼仪延请武内义雄为其讲授中国思想，连月不歇。其学养之深，名望之高，影响之大，可见一斑。

武内义雄是最先把日本的中国哲学当作思想史学而建立其方法的学者。他所建立的思想史学，以《中国思想简史》作为代表。

首先，这本书不称哲学史而称为思想史，含有武内义雄特别的用意。那是对以前的著作把哲学书的体系用个别性、列传式的表述方式的不满，也是究明思想本身推移发展之想法的一种表现。他所追求的是对思想本身的历史考察。

从古代期、中古期、近代期章目来看，古代期有"孔门的两个学派""稷下之学"等多章，中古期有"从儒教到老庄""从老庄到佛教"和"道教之成立"诸章，近代期有"儒学之新倾向""佛教之新倾向"等章，可以看出作者是想抓住思想流变本身的特性。这种想法作为当时全新的视点，对以后中国思想史学的发展起了决定性的影响。

再有，这本思想史引入中国佛教的思想，并论及道教，也是其一大特色。从今天的研究状况来看，这本书当然不十分完备（写到清末止），但它最先把以前那种以儒教为中心的列传式哲学史所不考虑的异端之学作为中国思想史的一环而纳入，意义非凡。这一做法影响了后来冯友兰的写作方法。武内首先开那样的风潮，是因为他出身佛门，具备丰富的佛教知识，更重要的，应该是对思想史的认识方式与以往不同。武内的《中国思想简史》出版后，将中国哲学研究立为思想史学，是十分清楚明确的。

摒除主观恣意性，追求实证科学确实性，《中国思想简史》是一部新思想史学。比起对思想本身的哲学追求，这本书更重视思想的派别和变动的历史研究，以树立科学实证的研究方法。武内所开拓的中国思想史学的方法，是中国思想史上的一座金字塔。日本当代著名汉学家连清吉先生称武内义雄为日本中国思想史学的始祖。

作者在写作过程中引用了大量中国古籍中的段落和语句，译者依据当时的中文版本进行了翻译。此次出版，编者依据现今可考可靠的古籍资料，对引文一一进行了查核与校订，以便读者更准确地理解引文本意。

目录

◇

绪　论

　　研究中国哲学的变迁，区分为三个时期来说明，最是妥适。第一期，从春秋末年到后汉终结，就是从公元前552年孔子诞生到公元183年后汉末年的七百三十五年间❶，这名为古代期。这个古代期，又可以分为前汉景帝以前与武帝以后的两个时代来研究。前半期，是以孔子的诞生为始，老、庄、杨、墨、孟、荀、韩非等诸子百家陆续地产生，各自成一家言，你驳我，我驳你，竞兰蕙之芳的时代，这称为诸子时代。反之，后半期，是自前汉武帝于即位之初用名儒董仲舒的话，尊崇儒教，压抑诸子以来，只儒教是兴盛了，诸子却衰颓了，儒教的教说，代表了当时的思想，儒教的经典（即五经）之研究又似成了学问的全部。这个时代，称为经学时代。诸子时代与经学时代显示着很不相同的面目；但是，两者都是在中国的地方，由中国的民族产生的思想学说，没有受到外来思想的影响，这一点是相同的。综括这两个时代，名为古代期。

❶　孔子诞生于公元前551年，后汉（东汉）灭亡于公元220年。——编者注

第二期，是从三国初年（公元220年）到唐玄宗末年（公元755年）约五百五十年间，这名为中古期。在这中古期的开始，儒教还维系着前期的余势，经学的研究也相当兴盛；但是，支配当时的思潮，实是老、庄的哲学，在当时的经注中用老、庄思想来注释儒教经典的也很多。同时，据说后汉的时候已到了中国的印度思想（即佛教），到进了这中古期，突然增长了势力，成了真正为中国人所理解、所信奉的思想；另一方面，它刺激了风靡当时的中国固有的思想（即老、庄的思想），确立了称为道教的一种宗教。于是，到了这中古期的后半期，儒、道、佛三教鼎立地兴盛着。即是说，在隋、唐的时候，是儒、道、佛三教鼎立的时代；三教之中，有着深远的哲学的，是佛教，当时第一流的思想家、学者中，有许多都是佛教者。

第三期，是从唐玄宗（公元756年）以后到现在约一千二百年间，这名为近代期。近代期，时间很长，所以，又可以分为四个时代。第一，是从中唐到五代的二百余年间，这是宋学的准备时代。第二，是从北宋初（公元963年）到南宋末（公元1279年）的三百二十年间❶，这是所谓的宋学时代。第三，是元、明两代，就是从公元1280—1661年的约三百八十年间❷，这个时期的中心在于明代，元代是它的过渡期。第四，是清代，是所谓考证学全盛的时代，

---

❶ 北宋始于公元960年。——编者注
❷ 明朝覆亡于公元1664年。——编者注

但是，在思想方面，并不发达。近代期，有鉴于第二期兴盛过的佛教哲学的深远，便以改造中国固有的儒教，构成新的体系，为主要的目的。

　　总之，古代期的中国思想，滥觞于孔子，发扬于战国诸子，到汉代，由儒教统一了。到中古期，新增的佛教的力量，促进了道教的成立。儒、道、佛三教便鼎峙了。到近代期，佛教哲学影响到了儒教，儒教便被改造了。这被改造了的儒教的代表思想，是朱子学与阳明学。

古代期（上）　诸子时代

◇

第一章

中国古代的民族信仰

在中国，有系统的思想的产生，以孔子为最早，因而，中国思想史应该从孔子着笔；但是，孔子的思想，是基于更古的中国的民族信仰而产生的，所以，在叙述孔子的学说之前，先讲一下中国古代的民族信仰。

要说明中国古代的民族信仰是怎样的东西，在文献很少流传的现在，颇为困难。从种种的方面综合起来看，我以为，"人尽由天生"这思想，是中国古代民族信仰的中心。《孟子·万章》中，引据殷代名臣伊尹的话说，"天之生此民也，使先知觉后知"，《大雅·烝民》诗中歌咏的"天生烝民"，这些，都是古代中国人都相信"人尽由天生"的证据；他们以为人的祖先是天。"天"字，是"大"字上面画一线的字，"大"是描画人伸开两只手，撇开两只脚而立着的形状的象形文字，原本是"人"的意思，在它的上面画一线的"天"字，是表示盖覆人之上的天空的。但是，当作人类的祖先的天，并不是盖覆我们之上的天空，而是在天空中支配着下界的帝或上帝的意思。❶"帝"字的最原始的形态，是"▽"或"▼"，原本是描画草木的花散落之后结了的果实的，因为这果实不久便成了藏匿着发生草木的种子的地方，所以，转而显示草木发生的根源，后来，再一转，似成了显示人类的祖先的了。在周代的铜器中，有刻着"▽己、祖丁、父癸"的，这铭文中的"▽"字，便是"帝"字的原始形态，是父祖所由出，即人类最初的祖先的意思。"帝"字是人类最初的祖先的意思，这就"禘"字来看，也很明了。"禘"，是在"示"的右边加以"帝"的字，是祭帝的祭祀的意思；据《礼记·大传》中说的"王者禘其祖之所自出"，便可以明白，其祖之所自出，即人类最初的祖先，是帝。如此的"帝"字，是显示人类的始祖的字，"天"字是显示盖覆我们之上的天空的字，两者显示着全然不同的概念；但是，中国古代的民族，相信帝是天上的神明，因为"天"与"帝"的古音是相同的，所以，有人类的始祖的意思的"帝"往往用"天"字来显示。因而，天生人类的意思，便成了"在天上的帝的后裔便是人类"的意思了。

《周书·吕刑》篇中，载着从前苗民制五刑，虐无辜的人民，人民诉于上帝，上帝怜惜庶民无罪而被虐待，命重黎断绝地天的通路，压抑苗民的神话；依据这神话，以为从前上天与下地之间有着交通，地上的人也可以登天与天上的帝讲话。据《国语·楚语》，楚昭王

---

❶ 吴大澂《字说》。——原注

曾经引用这神话，心里怀疑从前的人连天上也能登得去的吗，便把这神话问他的臣子观射父。观射父对于这神话，下了别的解释，来回答昭王。平心而论，细读《吕刑》的文章，我以为昭王所思考的解释实是对的，在日本的古代神话中，也讲着地上的群神与天上的群神互相往来，与这神话正类似。如其这个假设没有多大的错误，那么，中国古代的民族相信人类是上帝的子孙，由于这种神话，具体地解说了《大雅·生民》中，歌咏姜嫄履帝迹，上天见帝而生后稷的神话，不是可以看作这神话的一个例子吗？

古代的中国人，以为人类的始祖是帝或天，相信人都是由天而生的，这，已在上面叙述过了；但是，他们又以为，帝或天常常降其子于地下，导治下民。他们用"天子"的名称，称呼主权者，便是因此。所谓"天子"，是奉上帝的命令，为导治生民，而由天降生的人的意思吧。依从天命以导治生民的天子的责任是：第一，率领生民，祭祀他们的始祖的帝；第二，常常忖度天意，不违反天意地导治生民。为了实践第一个目的，行禘祭；为了达到第二个目的，行龟卜。在《国语·鲁语》中，有：

> 故有虞氏禘黄帝而祖颛顼，郊尧而宗舜；夏后氏禘黄帝而祖颛顼，郊鲧而宗禹；商人禘舜而祖契，郊冥而宗汤；周人禘喾而郊稷，祖文王而宗武王。❶

---

❶《礼记·祭法》篇中，也有类似的记载。——原注

这些话，是表示为了第一个目的，从前的王者，都以其祖所自出为帝而祭祀的。在河南汤阴县附近殷墟，发掘了无数的龟甲，这是证实了为了第二个目的而行龟卜的。❶

所谓龟卜，是烧了龟的甲，由其裂纹，以判断吉凶的占法；古代的中国人，当决定祭日的时候，出发战争的时候，出发田猎的时候，应预知天候的时候，决定其他各种重大的事情的时候，都谋之于龟卜。最尊重这龟卜的时代，似是殷代；龟卜为什么能够把天之所命告与人知，却不能说明。也许是，在人智未开的古代，用这种因袭的方法，以得到安心，也未可知；到人智渐开，对于龟卜便发生了疑问，而要求合理的说明，这实是当然的事。于是到了周代，一般的社会还是依据前代的遗风，尊重龟卜；但是，在知识分子之间，比诸尊重龟卜，却以为人们由于自己的内省，更能忖度天意。因为人是天之所生，在人们的素质中具备着天的素质，所以，人，可以由于内省，直觉到天意之所存。

《尚书·周书·康诰》篇中，有：

> 王曰："呜呼！小子封，恫瘝乃身，敬哉！天畏棐忱，……往尽乃心，无康好逸，乃其乂民。"

的一节，所谓"天畏棐忱"，一是天德辅诚的意思，把这句话和

---

❶ 罗振玉《殷墟书契考释》。——原注

下面的"往尽乃心"这一句一并来看，我以为：这篇文章的作者，以为在人心中，先天地寄宿着天之所命，所以，人内省了而不自欺，能够直觉到天命。又在《康诰》篇中，有"汝丕远惟商耇成人，宅心知训"，也正是明证了上面的解释并不错误，因为《康诰》篇是周公平了三监之乱以后，想封卫之康叔于殷之故土的时候，谕知康叔的话；根据这番话，可以知道周公已经认识了人心的内省比龟卜更有意义。《大雅·烝民》诗中说：

> 天生烝民（众民），有物有则。民之秉（顺）彝（常性），
> 好是懿德。❶

这也是歌咏在人心中，是先天地具备着道德性的。由这一点来看，可以明白：周初的诗人也以为，人由于内省，能够忖度天命之所在。总之，在殷代以前，似都以为，人是天之后裔，应该依从其始祖上帝之命的——帝之命是可以专在龟卜中知悉的；进了周代以后，似乎进一步了，他们以为，人都是上帝（即天）生的，人心中先天地寄宿着天之命，所以，人各自内省其心，如不自欺，是能够随顺天之命的。

我们上面已经说过，周代初年的人，以为由于内省，能够直觉天命之所在。那么，他们到底以怎样的东西，当作天所命的

---

❶ 这首诗的训诂依据马瑞辰的《毛诗传笺通释》的说法。——原注

呢?《周书·康诰》篇中说:

> 元恶大憝，矧惟不孝不友。子弗祗服（治）厥父事，大伤
> 厥考心。于父不能字（慈）厥子，乃疾厥子。于弟弗念天显
> （天法），乃弗克恭厥兄。兄亦不念鞠子（释子）哀，大不友于
> 弟。惟吊兹不于我政人得罪，天惟与我民彝（常性）大泯乱。

这是说，人类行为中最坏的，是不孝与不友，如其父子之间没有
了孝，兄弟之间失却了友情，这不单是法律上的罪人，甚至于连
天所赋予人类的彝伦（即常性）都灭却了。由这些话来推测，《康
诰》篇的作者，似以"孝"与"悌"的两德，当作天之命。如此
尊崇地考量"孝"与"悌"，是因为人类由于内省而感到的最真
纯切实的情感，第一是亲子的爱情，第二是兄弟的友情吧。总之，
周代初年的圣贤周公，基于中国古代的民族信仰，以为人类是由
天而生的，随顺天的命令便是道德；其次，以为这天的命令，在
人类固有的性情中，是先天地赋予了的，所以，人，由于尽诚地
内省自己，能够直觉到天的命令；最后，自己内省了，经验到最
真纯切实的情感，第一是亲子的爱情，第二是兄弟的友情，所以
说，"孝"与"友"是道德的根本。这周公的所谓道德，是成了后
起的孔子的道德观的先河的。

第二章

孔　子

　　孔子，名丘，字仲尼，周灵王二十年（公元前552年），生于鲁国的昌平邑，死于敬王四十一年（公元前479年），年七十四❶，他的事迹见于《史记·孔子世家》。《史记·孔子世家》是孔子的传记中最古而且可信赖的，但是，其中也有多少的疑问，成了后世学者议论的根源。我现在，在这部小著述中，没有涉入这种问题中的余裕；只是，依据《论语·为政》篇中所载的孔子自己的话，概要地一述其一生的阅历。

　　　　吾十有五而志于学，三十而立，四十而不惑，五十而知天命……

根据这些话，可以知道，从十五岁到三十岁是孔子的修养期，到

---

❶　孔子生于公元前551年，死于公元前479年。——编者注

了三十岁，才跑进社会。他最初踏进社会的时候的地位是如何的，这不能明了；但据《孟子·万章》下篇中说的孔子曾经做"委吏"（司会计），曾经做"乘田"（也叫作"司职吏"，司牛羊），由此可以想象，孔子最初是从事于会计和畜牧的小吏，似并没有显著的地位；到四五十岁的时候，志操也定了，一家的见识似也成就了，据《史记》，孔子后来做过中都宰，做过司空，做过大司寇，在政治舞台上大活跃过。但是，这也只是数年间的事情。后来，他离开了鲁国的政治，到卫、陈、宋、郑、蔡、楚各国去游说，终于不能行其志；到晚年，返回乡里，似专从事于经典的整理与门人的教育。

集合孔子的话的著述，有《论语》二十篇，是历来的学者所爱诵的，但这也是孔子死后，经过了许多年月才编纂成的，其中似还混入了后世的文章。我现在没有余裕对于各章篇加以详细的批判，只是，依据其中最古的而且可信赖的部分，略述孔子的思想学说。

孔子，鲁国人。鲁是周初周公之子伯禽被封的国，所以，其建国的始祖是周公。周公是周文王之子，武王之弟，是武王死后辅佐幼主成王奠定了周室基础的伟大政治家。据说，周之文物制度都是他制定的。孔子是鲁国人，所以尊崇其建国的始祖周公。《论语·述而》篇中说：

子曰："甚矣吾衰也！久矣吾不复梦见周公。"

细细地研究这一章，可以知道，孔子一生很敬慕周公，尤其是他的盛年中，甚至于梦寐之间也不忘周公。我以为：孔子一生的事业，是再兴那周公制定的周初的礼乐，实行周公的理想。

孔子把自己所教导的，称为"吾道"，门人们把孔子所教导的称为"夫子之道"；所谓夫子之道，尽于"仁"之一字。夫子之道是"仁"，在《论语》中，如下面的

> 富与贵，是人之所欲也，不以其道得之，不处也。贫与贱，是人之所恶也，不以其道得之，不去也。君子去仁，恶乎成名？（《论语·里仁》）

一节中，"仁"字是承受"道"字的。又在

> 君子务本，本立而道生。孝弟也者，其为仁之本与！（《论语·学而》）

的话中，可以证明"仁"字是承受"道"字的。通观全部《论语》，其中论"仁"的，有五十八章，"仁"字看到一百零五次之多[1]。由此，可以知道，孔子是如何地重视"仁"；但是，在这些篇章中所说的，都只是达于"仁"的方法，对于"仁""道"这东西的本质，并没有讲到。

---

[1] 见清阮元《揅经室集八·论语论仁篇》。——原注

孔子的"仁"，到底是怎样的东西，关于这个问题，历来学者的议论很多。试看《说文》"仁，亲也，从人、二"，这个字是"人"旁加"二"的字，所以，说明是人与人相亲的意思。《礼记·中庸》篇中，有"仁者人也"的话，郑《注》解释说："人也，应读如相人偶之人，以人意相存偶之谓也。"这里所说的"相人偶"这句话，是汉代流行的话，在郑玄的注释中是常常用的字，在这里，"人"与"偶"，其意相同，是成为友，或者相亲的意思。❶因而，《中庸》中所说的"仁者人也"，与《说文》中所说的"仁，亲也"有相同的意义。又如《论语》中

> 樊迟问知。子曰："务民之义，敬鬼神而远之，可谓知矣。"问仁。曰："仁者先难而后获，可谓仁矣。"（《论语·雍也》）
>
> 子曰："知者乐水，仁者乐山；知者动，仁者静；知者乐，仁者寿。"（《论语·雍也》）
>
> 樊迟问仁。子曰："爱人。"问知。子曰："知人。"……（《论语·颜渊》）

如此地使"仁"与"知"相对立的地方，也很多。❷这，恐怕是把人类的精神活动，分为知的方面与情的方面，把"仁"看作以情

---

❶ 参照王念孙《读庄子杂志·大宗师篇》与"造物者为人"之条。——原注

❷ 《论语》中，又往往并论知、仁、勇三者，但是这些部分，是比较的后世的话，是与《中庸》下篇等同一时代的思想吧。——原注

的方面为主的德的吧。原本，人类的精神活动，知与情并不是各自独立地进展的，是站在互相不能分离的关系中的，所以，"知"和"仁"也绝不是独立的德，而是相互关系着的。在《论语》中，也说"好仁不好学，其蔽也愚"（《论语·阳货》），这是说，"仁"离开了"知"是不能成立的。又说"知及之，仁不能守之，虽得之，必失之"（《论语·卫灵公》），又说"择不处仁，焉得知"（《论语·里仁》），这是说，"知"，如其不由于"仁"，也全不能得其所以为"知"。"知"与"仁"，是如此密切的关系上的德；"仁"主要是从情的方面看到的德。

因此，"仁"的本质，可以说是亲爱之情。这亲爱之情，是成为社会结合、人类和乐的基本的。

这在最自然而且没有虚伪的状态中发现的，第一是父子的爱情，第二是兄弟的友情。这父子的爱情与兄弟的友情，是说爱之情的根本代表的情感。所以《论语》中说："孝弟也者，其为仁之本与。"（《论语·学而》）《中庸》中说："仁者人也，亲亲为大。"《孟子》也说："仁之实，事亲是也。"（《孟子·离娄上》）这父子兄弟间的亲爱之情，扩大开来，及于社会全般的时候，仁道便完成了。所以，治理天下国家的政治精神，到底也与一家族中的孝悌或者孝友，是一样的；因此孔子引佚书❶中的"孝乎惟孝，友于兄弟"的

---

❶ 即《尚书》。——原注

古语，赞叹道，这孝友之道如其行得正，那么，主掌一国的政治也是一样的。（《论语·为政》）总之，孔子的所谓仁，是以亲爱之情（以父子的爱情与兄弟的友情为根本的）为本质的；重视父子之爱与兄弟之情，这与上述的《周书·康诰》篇中的重视孝、友之情，是同一的思想，恐怕，孔子是祖述周公的思想的吧。

孔子的所谓仁道，是以亲爱之情为本质的，这已在上面叙述过。这亲爱之情，如何才能得到呢？《论语》中说："为仁由己，而由人乎哉？"（《颜渊》）又说："仁远乎哉？我欲仁，斯仁至矣。"（《述而》）以为仁是人类固有的德。这仁义为人类所固有，是由于什么？是由于天命。孔子说的"五十而知天命"（《为政》）的天命便是。那么，天命是什么意思呢？《韩诗外传》中，引《论语·尧曰》篇中"不知命，无以为君子也"的一节，解释说："言天之所生，皆有仁义礼智顺善之心，不知天之所以命生，则无仁义礼智顺善之心，无仁义礼智顺善之心，谓之小人。故曰：'不知命，无以为君子也。'"依据这些话，可以知道，所谓命，是天之所以命生的意思，天赋命与我们人类的，是我们的顺善之心即道德性；因而，所谓天命，便是与人类的生同时由天赋命了的顺善之心。换句话讲，是具备在我们心中的道德性，孔子把它看作仁，即亲爱之情。于是，孔子所说的"五十而知天命"，可以知道是：仁道之根本的亲爱之情，是人类先天地具有的道德感情，把它扩充开来，便是人类之道。如此地，把人类道德的根源，归诸天命，这是中国古代的民族信仰。以为天命寄宿在人类的心中，这在

《周书·康诰》篇中已萌芽了，这在前面已经叙述过；孔子更明确地意识到了，在我们的心中先天地具备着亲爱之情，便是由天赋命了的道德性，把它扩充开来，便是仁道。

仁道之根本的亲爱之情，是先天地赋予了人类的感情，这是万人共通的，这已在上面的叙述过了；至于这亲爱之情，扩充开来，到能被名为完全的仁，这是必须伴以不断的努力及修养的。于是，孔子教训说："君子无终食之间违仁，造次必于是，颠沛必于是。"（《里仁》）又说："如有王者，必世（三十年）而后仁。"（《子路》）希期仁的完成，是如此其难的事业，所以，即令在孔子的门人中，许以仁者之称的，只颜回一人，其他门人概不能称仁者。不单门人不能称仁者，孔子自己也谦逊地说："若圣与仁，则吾岂敢？"（《述而》）

为教以这仁道，孔子以文、行、忠、信的四点，教导门人弟子。《述而》篇中说的

> 子以四教，文、行、忠、信。

便是。那么，所谓文、行、忠、信，是什么意思呢？《大戴礼》的《卫将军文子》篇中，有"吾闻夫子之施教也，先以《诗》，世道者孝悌，说之以义而观诸体……"的一节，正可以看作四教的说明。就是：第一的"文"，在于《诗》《书》；第二的"行"，在于

孝悌或礼；第三的"忠"与第四的"信"，在于义。试据《论语》稍加以说明。

第一的"文"，是《诗》与《书》两者，这两者自孔子的当时起，便被尊崇为儒家的经典。到后来，儒家的经典，在《诗》《书》之外，加上《易》《礼》《春秋》，总称为"五经"；但在孔子的时候，在《诗》《书》两者之外，其余的还不曾被看作经典。据传说，孔子晚年爱读《易》，甚至于作被称为"十翼"的十篇解释。在《论语》中，也有孔子说的"五十以学《易》，可以无大过矣"（《述而》）这种赞叹《易》的话。《易》的"十翼"，并非孔子的作品，宋欧阳修已经论列过了，这已成了学术界的定论；至于《论语》中的"五十以学易"的"易"字，据《鲁论》这一派的本子，作"亦"字，这句句子的意思是说，到了五十岁来学，也可以没有大过。因此，孔子爱读《易》这回事，一个确实的证据也没有。所以，可以知道，在孔子的当时，《易》并未成为儒家的经典。其次，讲到《礼》，《述而》篇中有"子所雅言，《诗》《书》、执礼，皆雅言也"的话，特在"礼"字之上，添个"执"字，从这一点上来看，可以推知，在当时，作为经典的《礼经》还不曾存在，只是在制度习惯上传承的。再次，讲到《春秋》，这是到孟子以后才显著的，在《论语》中，并没有把《春秋》当作经典。所以，在孔子的当时，儒家的经典，只《诗》与《书》两者，孔子把这《诗》《书》当作教科书，教导门人。因为，《书》是类集前代的诏敕誓诰之类的，有着先圣特别是周公的诰戒，《诗》是古人歌咏心境的不虚伪的告白，所以，由于《诗》《书》，能顺先圣的教导，而陶冶性情。

第二的"行"，据《大戴礼》的说明，有如是孝悌，也有如是礼。试看《论语》中"孝悌也者，其为仁之本与"的话，也可以明白，孝悌是孔门诸行中最重要的。所谓孝悌，也不是离开了礼的"行"。《论语·为政》篇中，孔子回答孟懿子的问孝说，"无违"，更为樊迟说明"无违"。他说："生，事之以礼；死，葬之以礼，祭之以礼。"这是表示，孝也是依着礼来实践的。由这一点来推测，悌，是顺礼而事兄。可以说，一切的行为，都是顺着礼的。因此，孔门的"行"，说是孝悌，或者说是顺礼，是一样的。总之，孔门的"行"，如举其根本点，当归于孝与悌；用概括的话来讲，人们的一举一动要当于礼，如其不当于礼，便不可动。

第三的"忠"与第四的"信"，原本训为"诚"；但两者的概念，实自有别的。先就其文字的构造来看，"忠"字是由"中"与"心"两个字构成的，是人们内省自己的心，不欺瞒自己的意思；"信"字，是结合"人"与"言"两个字的，是人履行对于别人约定了的话而不欺罔的意思，因此，两者原本都训为"诚"；但是，前者表示不欺瞒自己，后者表示不欺瞒别人。曾子说的"吾日三省吾身：为人谋而不忠乎？与朋友交而不信乎？"（《学而》）这一节，最明白地显示了这两个字的意义。前者是在自己的心中内省而谋的，后者是对于别人尊重约言的。孔子的仁道的精神，说尽于这两个字，这也不是过分的话。孔子以为，自己内省而尽忠，是仁道的第一义，所以他的门人曾子说："夫子之道，忠恕而已矣。"（《里仁》）所谓忠，是自己内省了而直觉到善恶；所谓恕，是以自己的心忖度别人。这虽则是两个作用，但是，两个作用集合在一起，便成了实现"仁"的方法；作为践行"恕"的前提，得先践行"忠"，所以追溯到所谓"忠恕"的根本，只是一个"忠"字。直觉到仁道的主观的功夫，只是一个"忠"字，这已在上面叙述过了；把它在社会上实现出来的第一要件，是人人互相重"信"。所以孔子说："人而无信，不知其可也。"（《为政》）有一次，门人子贡"问政"，孔子回答他说："足食，足兵，民信之矣。"子贡再问，如其万不得已，在这三者之中，要割爱一项，那么，应该割爱哪一项？孔子回答说："去兵。"子贡再问，其余的两项中，如其万不得已还要割爱一项，那么，应该割爱哪一项？孔子回答说："去食。""兵"与"食"，虽则是国家社会的存立及民生的生活上必不可缺的，但是，孔子却更重视"信"，孔子说："自古皆有死，民无信不立。"（《颜渊》）由这一段话来看，可以明白，孔子是如何地重视"信"了。

上面，对关于文、行、忠、信的四教，作了概括的说明；这里，我们试研究其相互的关系，以显示孔子的教育的一斑。孔子是把《诗》与《书》当作两部教科书来教导门人的，其中《书》是辑集前代帝王的誓诰的，先圣的训戒特别是周公的教训收集得很多，所以孔子是由《书》引导他悟得周公的理想的。四教中第二项"行"的根本，是孝悌，孔子的重视孝悌，只是蹈袭了周公尊重孝友的思想的。《论语·为政》篇中引用"孝乎惟孝，友于兄弟"这佚书的文句，说只要真正地践行孝友，那么，即使不能走上政治舞台，也与施行政治有相同的效果：这一段话，是由《书》教以孝悌的一例。

其次，《诗》是辑集古代的民谣的，是当时人的不虚伪的告白，所以，用"诗三百，一言以蔽之，曰思无邪"（《为政》）的一句话说尽了。孔子使门人学《诗》，虽有种种的目的，但其主要的目的，在于学了《诗》，来陶冶人的性情，及引导到"思无邪"的心境中去。所谓"思无邪"，换句话说，便是不欺瞒自己而且不欺瞒别人，结果，归到"忠""信"的两者。因此，夫子尊重《诗》，是为了借此以养育忠信的精神。

总之，孔门的四教，可以说是，借《诗》《书》以涵养忠信的精神，实践孝悌的"行"，实践礼仪，以期"仁"的完成。

文、行、忠、信的四教，是为了完成"仁"的四个教目，这已在上面叙述过了；其中最重要的，是行与忠。所以，为了教以达到"仁"的方法，常常讲述行与忠。第一，从"行"的方面来说，是教以由于"礼"的实践可以达到"仁"。如：

颜渊问仁。子曰："克己复礼为仁。一日克己复礼，天下归

仁焉。❶为仁由己，而由人乎哉？"颜渊曰："请问其目。"子曰："非礼勿视，非礼勿听，非礼勿言，非礼勿动。"（《颜渊》）

便是例子。第二，从"忠"的方面来说的，是教以把内省主观而直觉的推及到客观，由此可以达到"仁"。如：

子曰："参乎！吾道一以贯（行）之。"❷曾子曰："唯。"子出。门人问曰："何谓也？"曾子曰："夫子之道，忠恕而已矣！"（《里仁》）

是最著名的。于是，孔子死后，其门人之间，产生了注重主观而力说忠恕的一派及尊重客观的规范而力说礼的一派。

---

❶ "一日克己复礼，天下归仁焉"十一字，和上面的一句意义重复。"一日"的"日"字，恐是"曰"字之误。这十一字，是注记异本的文句的，误入了本文吧。《史记·弟子列传》引这一章，只作"克己复礼天下归仁焉"；《左传·昭公十二年》引用孔子的话，只作"克己复礼仁也"。现在的《论语》，合并了两异文。——原注
❷ 这一章，《卫灵公》篇作："子贡问曰：'有一言而可以终身行之者乎？'子曰：'其恕乎。'"意义相同。"一以贯之"，是以一言而行之的意思。"贯"字古训"行"说，详见阮元《揅经室集》。——原注

第三章

孔门的两个学派

第一节　孔门诸弟子

孔子的门人，非常之多，单是知其名的，已超过七十人。这些弟子中，最有名的是子路、有若、颜回、子贡、子夏、子游、曾子等。其中，子路与颜回，先孔子而死；孔子死后，有若和子贡因是最年长者而被尊崇，子夏、子游、曾子等三人是少壮者之间著名的人。这些人，在孔子生存时，同受夫子的教导，同门的友谊是很深的；到孔子死后，散居各方，有的做了诸侯的师傅，有的返故乡授徒。子贡到了齐国，子夏做了魏文侯的师傅，曾子仍在鲁国，努力于遗教的宣扬。因为居住地各异，便没有了相会的机会，各自发挥不同的性格，于是孔门中也发生了种种的异说，划分了学派，这实是当然的事。

《孟子·滕文公上》篇中有一段记载，说：孔子死后三年，子夏、子张、子游三个人商谈，有将来推有若为师的提案，曾子却拼命反对。（"昔者孔子没，三年之外……子夏、子张、子游以有若似圣人，欲以所事孔子事之，强曾子。曾子曰：'不可！'"）再将《礼记·檀弓》篇中子游之徒对于曾子的说闲话等等，综合来看，可以知道，子游、子夏等的一派与曾子的一派，是相对峙而异其所见的。这里，先说述曾子派的说法，再叙列子游派的主张，并略述两派的不同点。

第二节　曾子学派

曾子，名参，字子舆，鲁人，小孔子四十六岁。他的著述，《史记》中列《孝经》一篇；《汉书·艺文志》中录《曾子》十八篇，早佚；《大戴礼记》中，残存着十篇。由这十篇及《孝经》，可以概略地知道曾子的说法。

《孝经》一篇，据清代姚际恒等的意见❶，以为是汉人伪作的，不足信；但现在的《孝经》，《吕氏春秋》中已引用了，《吕氏春秋》是吕不韦的著述，所以这定是秦代以前的旧本。又，相传《孟子》外书中有解释《孝经》的《说〈孝经〉》一篇❷，现在《孟子》七篇中也有与《孝经》的思想相通的记事❸：由这些事实来考

❶　见姚际恒《古今伪书考》。——原注
❷　见后汉赵岐《孟子题辞》。——原注
❸　清陈澧《东塾读书记》的说法。——原注

察，《孝经》即令不是曾子手录的，也定是传述曾子派的主张的。又《大戴礼记》中残存着的《曾子》十篇，也不是曾子的手笔，其中对于曾子的弟子乐正子，呼以字，从这一点上来看，是乐正子的后学传述的本子，其中虽则很有感到是后来的思想的部分，但大体上，可以想象是传述曾子学派的思想的。这里，据这十篇及《孝经》，试概要地一述其主张。

《孝经》中说：

夫孝，德之本也，教之所由生也。

《曾子》中说：

民之本教曰孝……仁者，仁此者也；义者，宜此者也；……行者，行此者也；强者，强此者也。乐自顺此生，刑自反此作。（《曾子·大孝》）

把一切的道德，统属于一个"孝"字。不单把人类道德，统属于孝，而且说：

夫孝，天之经也，地之义也，民之行也。天地之经，而民是则之。（《孝经》）

夫孝者，天下之大经也。夫孝，置之而塞于天地，衡（横）

之而衡于四海，施诸后世，而无朝夕。（《曾子·大孝》）

孝是一贯天地人的道，不为时间和空间可限制，是遍布于宇宙的原理。孝是如此的遍布于宇宙的原理，而在宇宙间，最尊贵的存在是人，所以，孝，也是对于人最为完备。人的孝，可以区分为大孝、中孝、小孝三类。所谓大孝，不单是敬爱其亲，而且在于为子者修其身而成为顶天立地的人，以显扬其父母。所以《孝经》中说：

孝莫大于严（尊）父。严父莫大于配天，则周公其人也。昔者，周公郊祀后稷以配天，宗祀文王于明堂，以配上帝。是以四海之内，各以其职来祭。夫圣人之德，又何以加于孝乎？

把周公之德，归之于孝。由这些话来看，曾子的所谓孝，与并称孝悌的孝不同，实是近于孔子的所谓仁的。曾子说：

君子立孝，其忠之用，礼之贵。❶（《曾子·立孝》）

这是说，作为行孝的方法，在主观上从忠，在客观上从礼；这和《论语》中作为达到"仁"的方法，教以忠恕与复礼很类似。总

---

❶ "贵"字恐是"體（体）"字污了，只剩一半了的。——原注

之，曾子以孝为宇宙的原理，人类的道德，为实践孝，从忠与礼。这全只是把孔子的仁，改名为孝。

传述曾子之学的，有子思。子思是孔子的孙子孔伋的字，他父亲叫伯鱼，子思的生卒年月不详；伯鱼先孔子而死，子思在鲁穆公时还生存着，这是确凿的事，至少，从孔子的卒年（公元前479年）到穆公的初年（据汲冢《纪年》，为公元前415年）的六十五年间是生存着的，这是确实的。实际上，恐怕只生存到公元前400年左右吧。❶ 据《史记》，子思的年寿是六十二岁，这恐怕是八十二岁的伪误吧❷。

子思的文献，据《汉书·艺文志》载着"《子思》二十三篇"，今不传；但据梁沈约说❸，现在的《礼记》中的《中庸》《表记》《坊记》《缁衣》等四篇，是从《子思子》中抄出的，所以，可以由此看到《子思子》的一部分。这四篇中，特别有名的是《中庸》篇，后汉郑玄也已说过这是子思的遗作。熟读这四篇，其中最古的是《中庸》的上半部，《表记》《坊记》《缁衣》等三篇次之，《中庸》的下半部感觉是很后来的思想。❹ 子思作《中庸》，《史记》中也记载着，但《汉书·艺文志》中还举《中庸说》二篇，据这

---

❶　子思卒于公元前402年。——编者注
❷　见清梁玉绳《史记志疑》。——原注
❸　见《隋书·音乐志》。——原注
❹　参照拙著《老子原始》附录《关于子思子》。——原注

书名来推测，是解说《中庸》的；《礼记》的《中庸》中旧的部分是子思的《中庸》，感觉是后来的思想的部分是它的解说吧。这旧的部分，以朱子的《中庸章句》来说，是从第二章到第十九章（但其中第十六章，应移于第二十三章之后的，似是错乱了的）的十七章；此外，似成于秦代而附加的辞说。

这里，单就其旧的部分来研究。子思先引仲尼的"君子中庸，小人反中庸"的话，称赞中庸之道；其次说中庸的"中"是没有"过"与"不及"的意思，又说是两端的中央；其次说，庸是庸常的意思，中庸之道是匹夫匹妇之愚也能知道，匹夫匹妇之不肖也能实践的道；最后，说君子之道，有如行远必自近，登高必自卑，先自对父母尽孝始，称赞舜之大孝，武王、周公的达孝，后面，这么地结束：

> 夫孝者：善继人之志，善述人之事者也。春秋修其祖庙，陈其宗器，设其裳衣，荐其时食。宗庙之礼，所以序昭穆也；序爵，所以辨贵贱也；序事，所以辨贤也；旅酬下为上，所以逮贱也；燕毛，所以序齿也。践其位，行其礼，奏其乐，敬其所尊，爱其所亲，事死如事生，事亡如事存，孝之至也。郊社之礼，所以事上帝也。宗庙之礼，所以祀乎其先也。明乎郊社之礼、禘尝之义，治国其如示诸掌乎！

以上所述，是《中庸》篇中旧的部分的大要。根据这些话，子思的《中庸》是敷陈曾子的孝的，与曾子的以孝来说明孔子的仁道相对，子思只是用中庸这句话来说明。孔子的仁、曾子的孝，原本是成就那人类固有的亲爱之情的，所以，当然是匹夫匹妇之愚、之不肖也能实践的庸常之道，这既不是高远的道理，也不是过于卑迈的，是所谓两端之中的道，所以这叫作中庸之道。践行这中庸之道，不需要其他困难的方法，单借忠恕便行了。"忠恕违道不远，施诸己而不愿，亦勿施于人。"这力说忠恕，也是与曾子派的思想相一致的，由这一点来看，可以知道，子思是承受了曾子的思想的。

总之，曾子以孔子以为仁之本的孝，来总括道德全部，子思为说明曾子的孝道，用中庸这范畴；因此，从孔子经由曾子到子思之间，其说明的话虽则变化了，其内容是大略相同的。曾子是以为行孔子之仁道的唯一的方法在于忠恕的人（《论语·里仁》），他的所谓孝，其根本也只是一个"忠"字（《曾子·本孝》；子思也说，中庸之道，应自对于父母尽孝始，其方法不出于忠恕。所以，曾子与子思，可以说是继承了孔子作为行仁道的方法而教导的精神的方面（即忠恕说）而发展了的。而子夏、子游的一派，继承仁的形式的方面（即复礼说），与曾子派异趣。

第三节　子游学派

　　子夏，姓卜，名商，小孔子四十四岁；孔子死后，做魏文侯的师傅。文侯的在位，据汲冢《纪年》，为公元前446—前397年，所以，子夏生于公元前522年，至少有八十岁以上的寿。子游，姓言，名偃，吴人，大子夏一岁，曾经做过武城宰，兴礼乐，又举用澹台子羽，刷新政治，其晚年的生活不详。但《史记》中说，孔子死后，子羽与其弟子同渡江去吴，所以，子游也恐怕归吴了吧。

　　子夏与子游都是长于"文学"的人。《论语·子张》篇中，子游评论子夏的门人说："子夏之门人小子，当洒扫、应对、进退，则可矣，抑末也。本之则无，如之何？"意思是说，子夏的门人，虽长于洒扫、应对、进退这种礼的末节，对于其根本的礼的精神是不懂的。由这一段话来看，可知子游是比子夏进一步的。这里，概要地一述子游的说法，作为这一派的代表。

　　子游的文献，《礼记》中收入得比较多；由这些资料，已可以研究他的主张。这些资料中，最早的是《曲礼》和《玉藻》，其次是《檀弓》和《杂记》，属于最后的是《礼运》《礼器》《郊特牲》三篇和《冠义》《昏义》《乡饮酒义》《射义》《燕义》《聘义》六篇吧。❶这些资料，其成立年代并不一样，也并不是成于同一人之手；但从

----

❶　清邵懿辰《礼经通论》的说法。——原注

其内容来推度，可以想象，都是由子游派的学者缀集的。

《曲礼》与《玉藻》，是辑集古礼的记录的断简的；其中说："道德仁义，非礼不成；教训正俗，非礼不备；分争辨讼，非礼不决；君臣上下，父子兄弟，非礼不定。"（《曲礼上》）主张一切的道德都由礼的规准而成立。而且说："礼从宜。"（《曲礼上》）这里所谓"宜"与"义"同，是说礼的精神。礼，全是人类制定的形式；为制定这些形式，各有主意精神，这种精神叫作"宜"。子游评论子夏的门人，说虽通礼之末节，但不知其本，这便是说他们拘泥于礼的形式，而不理解其精神。

其次，在《檀弓》和《杂记》中，关于礼的各条，只是举历史的事实，加以说明；到《礼运》《礼器》《郊特牲》等篇，是特地为了说明其"宜"的。这几篇，虽则因为文章的错简很多，很难完全了解其意义；但总之，其目的，在于说明礼的时、顺、体、义及称等五种。第一的"时"是说：一切的礼的形式，是依顺时运而变化的，不可拘泥于形式。第二的"顺"是说：礼是依顺人情而制定的；这里所谓人情，是指人类的本性。第三的"体"是说：人情的本体（即人性）是仁。第四的"义"是说：从这人情的本体（即仁）产生的，是道义，这道义，是本诸人类的本性（即仁）而定的节目，以教导父应慈、子应孝、兄应良、弟应悌、夫应义、妇应德、长应恩、幼应顺、君应仁、臣应忠为主眼，为教导这些而设的节目叫作"称"。第五的"称"，便是这个。所谓"称"，是不同、不丰、不杀的意思。所谓不同，是礼的形式因地

位而不同的意思，例如天子七庙、诸侯五庙、大夫三庙，制定了
数目，这叫作不同。这不同的数目，是不能增、不能减的，这叫
作不丰、不杀。例如，诸侯是不能建七庙的，这是不丰，天子是
不能节约为五庙的，这是不杀。如此地制定了的数目，称于"宜"
而不能动的，这叫做"称"。

总之，礼的形式，是随着时的运移而变化的，不变化这一点，
是称于宜（义）。礼的最重要的部分，是了解这义，所以，《郊特
牲》篇中说：

> 礼之所尊，尊其义也。失其义，陈其数，祝史之事也。故
> 其数可陈也，其义难知也。

力说应该重义。在其前后，残存着《冠义》与《昏义》的错
简。我以为：《礼运》《礼器》《郊特牲》三篇，原本是连续的一
篇，似是《冠义》《昏义》《射义》《燕义》等各篇的总论。

试看从《曲礼》到这许多篇的径路：子游派的学者，起初特
别力说那孔子作为达到仁的方法而教导的复礼，努力于礼的研究；
然后，渐渐从礼的形式深入进去，研究礼的精神。力说这礼的精
神（即义），自然成了归于曾子派所重视的主观的考察中了。

总之，曾子派从主观省察入手，主张道德的本源在于主观；
子游派，先研究客观的礼的形式，注意到与其形式的时一同变化，
转而研究礼的精神。由于以礼的形式为主，或重视礼的精神，在

同一的礼家中，分化了子夏派与子游派。

　　注重形式的结果，发生了徒腐心于容貌威仪的整饰这种末流的弊害；注意精神的结果，发生了单讲道理不伴以实践这种末流的弊害。荀子对于这两种弊害，下过最适切的批评，他说：

> 　　正其衣冠，齐其颜色，嗛然而终日不言，是子夏氏之贱儒也。偷儒惮事，无廉耻而耆饮食，必曰"君子固不用力"，是子游氏之贱儒也。（《荀子·非十二子》）

　　由于这种末流的弊害，一回顾这种弊害所由发生的原因，便可以想象子夏、子游的不同点了。

第四章

墨子及其后学

第一节　墨翟

在上两章中，略述儒家的始祖孔子及其后学的两派；这里，叙述那受儒家的影响而别成一家的墨家的学说。

墨家的始祖是墨翟。墨翟的传记，很不明了。关于他的生地，有的说他是鲁人，有的说他是宋人。说他是宋人，是因他曾做宋之大夫而误了的；以他为鲁人，是对的。关于他的生存年代，《史记》中并记着与孔子同时的说法及后于孔子的说法，不曾下断语；后汉张衡说，墨翟与子思同时。❶现在看墨翟的书，载着墨翟曾事宋昭公，后为大夫，至后齐见田和，从这些记载上来看，大概他是孔子死后百年的人，与子思同时而稍后吧。

关于墨子的学系，也有两种说法。第一，鲁惠公请于周桓王

---

❶ 见《后汉书·张衡传》。——原注

修郊庙之礼的时候，桓王使史角与其事❶，后来史角止于鲁，墨翟学于史角的子孙。这个传说，见于《吕氏春秋》的《当染》篇，如《汉书·艺文志》，依据这一点，说墨家的渊源为清庙之守；但《吕氏春秋》的《当染》篇，是本于《墨子》的《所染》篇而成的，《所染》篇中没有这个说法，而且桓王与惠公并不同时，从这几点来推测，这是不足置信的说法。第二，墨子最初学儒者之业，受孔子之术，以为其礼过于烦扰，后弃儒而自成一家。这个说法，见于《淮南子》的《要略训》，这比《吕氏春秋》更在后，而且孔子与墨翟年代隔得很远，不能成立师生关系，这是明了的事。但从现存的墨家的文献上来看，墨家受儒家的影响而产生，终于自成一家，这一点是对的。

墨子的文献，《汉书·艺文志》中举七十一篇，隋唐志记着十五卷，现存的《墨子》也分为十五卷，但其中八篇有目无书，其余十篇目也没有了，凡残存着五十三篇。通观现在五十三篇，其间至少可以区别为五种本子。

第一种，《亲士》《修身》《所染》《法仪》《七患》《辞过》《三辩》七篇。这七篇，其内容近于儒，其中引了子禽子的话，所以恐怕是墨翟、禽滑离这一派的人所传的本子，是传述了墨家的最早的思想的吧。

第二种，《尚贤》《尚同》《兼爱》《非攻》《节用》《节葬》《天

---

❶ 桓王遣史角赴鲁授礼。——原注

志》《明鬼》《非乐》《非命》《非儒》的诸篇。这几篇，同名的篇目各有三篇，每三篇的内容都大同小异。据《韩非子》的《显学》篇，墨子死后，墨家分为三派，所以，这些，恐怕是三派的墨家所传的各不相同的本子，由后人所集成的，是比第一种的七篇稍后的文献吧。

第三种，《经上》《经下》《经说上》《经说下》《大取》《小取》六篇。这六篇，是辑集名家言，即论理学派的话的。这与《庄子·天下》篇中说的南方之墨者苦获、邓陵氏之徒诵《墨经》、弄诡辩的话合并起来看，这恐怕是邓陵氏一派的本子吧。

第四种，《耕柱》《贵义》《公孟》《鲁问》《公输》五篇。这五篇，是叙述墨子的事迹的，似是后来的学者集录的。

第五种，从《备城门》到《杂守》的诸篇。这几篇的内容，是兵家言，从《汉志》的注来推测，在刘歆的所作《七略》这个目录中，似墨子的兵书有十二篇，在《备城门》以下的诸篇中，载着临、钩、衡、梯等十二种的攻防法，所以原本是各法各成一篇的，这便是墨子的兵书吧。

以上五种中，有关于哲学思想的资料，是第一种到第三种的三种。将这三种，加以比较及研究，由此可以知道，墨家的思想是如何的在变迁着。

墨子说，百工为方以矩，为圆以规，直以绳，正以悬，不论巧工与不巧工，都以这四者为法，现在治天下治大国的也应有法度。那么，治天下大国，应以什么为法呢？这没有超越过以天为法的。所谓以天为法，换句话讲便是，天所欲的便做，天所不欲的，便不做。那么，天何所欲？天要人们相爱相利，不要人们相恶相贼，因为天是兼而爱之、兼而利之的。那么，如何知道天是兼而爱之、兼而利之的呢？天对于爱人、利人的"福之"，对于恶人、贼人的"祸之"。从前的圣王禹、汤、文、武，兼爱天下的百姓，率以尊天事鬼，利人的事情很多，所以天便福他，立为天子，天下的诸侯都宾事他；从前的暴君桀、纣、幽、厉，因为反乎其道以行之，所以天便祸他，终于失却了他的国度。由此，知道天要人的相爱相利，不要人的相恶相贼（《法仪》）。

由这些话来看，可以知道，墨子的宗旨是兼爱，兼爱便是天的意志。以兼爱为天的意志，这与儒家的以亲爱之情（即仁）为由天赋予人的自然之情类似。只是，儒家是内省，看作纯粹的心的情，墨家正相反，把它看作功利的，随伴了相利才能全其兼爱：这一点是不同的。这个从功利方面观察的一点，正是儒与墨的分歧点。墨家如此地从功利方面考虑爱的结果，便力说强本而节用，说："吾闻之曰：'非无安居也，我无安心也，非无足财也，我无足心也。'是故君子自难而易彼，众人自易而难彼。……为其所难者，必得其所欲焉，未闻为其所欲，而免其所恶者也。"（《亲士》）又说："志不强者智不达，言不信者行不果。据财不能以分人者，不足与友；守道不笃，遍物不博，辩是非不察者，不足与游。本不固者末必几。"（《修身》）这便是墨子的强本说。

墨子希望节己欲，薄自奉，苦心劳身，为天下勤。他又力说"节用"：

> 古之民，未知为宫室时，就陵阜而居，穴而处，下润湿伤民，故圣王作为宫室。为宫室之法，曰：室高足以辟润湿，边足以圉风寒，上足以待雪霜雨露，宫墙之高，足以别男女之礼，谨此则止。凡费财劳力，不加利者，不为也。……古之民，未知为衣服时，衣皮带茭，冬则不轻而温，夏则不轻而清。圣王以为不中人之情，故作诲妇人治丝麻，梱布绢，以为民衣。为衣服之法：冬则练帛之中，足以为轻且暖；夏则缔绤之中，足以为轻且清，谨此则止。……古之民未知为饮食时，素食而分处，故圣人作诲男耕稼树艺，以为民食。其为食也，足以增气充虚，强体适腹而已矣。……古之民未知为舟车时……圣王作为舟车，以便民之事。其为舟车也，全固轻利，可以任重致远，其为用财少，而为利多……男女……真天壤之情，虽有先王不能更也。虽上世至圣，必蓄私，不以伤行，故……内无拘女，外无寡夫……当今之君，其蓄私也，大国拘女累千，小国累百，是以天下之男多寡无妻，女多拘无夫，男女失时，故民少。君实欲民之众而恶其寡，当蓄私不可不节。凡此五者，圣人之所俭节也，小人之所淫佚也。俭节则昌，淫佚则亡……（《辞过》）

因为节用是俭，强本是勤，勤与检是计利的工作。墨家的劝勤

俭而计利，这是因为，为了实现兼爱的理想，以计民之利为第一
要件。如此地注重利，在儒家是不曾有过的事，这是儒家与墨家
的分歧点。恐怕墨翟的时代，比诸孔子的时代，社会的情势变化
了，经济问题很重要了，所以墨翟重视经济问题而改造儒教的吧。

　　以上，是根据墨家的文献，尤其是第一种的资料而研究的墨
子的主张。在这些文献中，以子墨子之言及子禽子之言为主，是
墨家尚未分为三派以前的说法。到墨翟死后，墨家分为三派，这
叫作三墨。所谓三墨，《韩非子·显学》篇中说的"自墨子之死
也，有相里氏之墨，有相夫氏之墨，有邓陵氏之墨"便是。上列
的第二种的文献，是传述这三墨时代的思想的。

第二节　三墨

　　成为第二种的文献，即三墨时代的思想的中心的，仍旧是
《兼爱》篇与《节用》篇。兼爱是墨家的理想，为了说明兼爱是天
的意志，有《天志》篇，为了教导同于天的意志，应实行兼爱，
有《尚同》篇；但是这些，是在第一种的文献中也已略略表现了
的思想，并不是三墨的特征。

　　三墨的特征，是说明兼爱的天志，由鬼神传达给人类的《明
鬼》篇，及排斥那违反兼爱的理想的战争的《非攻》篇。又墨家
主张节用，这已在上面叙述过了，到了三墨，因为太强调了节

用，于是力说节葬与非乐。如其单单说兼爱与节用，不一定与儒相反；但是，儒是把礼乐当作陶冶人心、发扬人情的美点的，尤其重视丧礼。所以，到墨家主张节葬，力说非乐，儒与墨便站在了正相反的地位上了。又，儒家说天命，而到了三墨，排除天命，倡非命说。他们说：回顾古来的历史，治乱是由于王者的政治的，不是由于天命的；又，一切判断有与无的，是由于我们人类的见闻的，我们不曾看见或者听见过"命"；又，如其有命的话，那么，人类将安命而不努力，人类如其不努力，那么，财用便不足，政治便紊乱了。从这三点不能不否定命的存在，这是非命说的大概。因而，力主非命说的必要，是为了使人类勤勉，也就是说，三墨的非命，是强本说的余波。如其单单主张强本说而劝勤勉，这与儒并不相反；到三墨否定天命，就不能不与儒冲突了。因此，儒家是极口排斥墨家，墨家也绝不屈服地非难儒家，第二种三墨时代的文献的末尾，有着《非儒》篇，便是为此。

儒家与墨家，不论什么时候，总继续着剧烈的论争；在这论争之间，似弄着种种的诡辩，由于必须正当地批判这些诡辩的必要，于是在墨家之间，论理学便发达了起来。墨家文献中称为第三种的文献，便是这论理学派的记录。这论理学派，在中国历来称为名家，因为名家的崛起而隆盛，是属于稍后的时代，所以我们这里暂不叙述论理学派，而移到道家的记述上去。

第五章

老子及其后学

第一节　老子

儒家与墨家，都是产生于鲁的思想，两者虽则互相反对，但其间多少是有共通点的。道家是产生于宋而波及郑、楚的思潮，与儒墨稍有异趣。所以有人说道家思想不是中国的思想，而是由印度输入的外来思想❶；但是我却仍旧以为儒墨的思想被压抑了，而成了道家的。

道家的始祖是老子。老子，名耳，字聃（也写作耼），《史记》中说他是楚人，但是，从《庄子》中记录他的逸事上来看，似乎是居住宋的沛这个地方的人。❷又据《史记》，孔子曾经从老聃学礼，有如老聃是与孔子同时的先辈。但是，这恐怕是道家的末流

❶ 拉克贝利的《中国文明西方起源说》中的说头。——原注
❷ 清姚姬传《老子章义序》。——原注

为要说老子是比孔子更伟大的人而虚构的传说，这种传说在《庄子》的《天道》篇及《天运》篇中也有，但这几篇在《庄子》中也是比较新的文章，推定为近于秦汉之际的作品。所以《史记》采用的孔子问礼的传说，恐怕也是近于秦汉时产生的寓言，而不是很古的传说吧。

《史记》又列记老聃的子孙，最后，老聃的第八世孙解这个人，做胶西王邛的太傅。胶西王邛，死于汉景帝三年（公元前154年），以一代三十年来追算，老聃当是在公元前154年的二百四十五年前，即公元前400年左右的人，是比孔子约后百年的人。又据《史记》，孔子的子孙，到汉武帝的时候，已有十三代，但老子的子孙，到景帝的时候，只有八代，由这一点来看，老子至少应是后于孔子约百年的人，因此，老子的年代，是与孔子的孙子子思及墨子大略同时而稍晚的后辈。❶

据《史记》，老子在其晚年，辞周西游，从关守喜这个人的请要，写了《道德经》五千余言留下了，现在也有叫作《老子道德经》这上下两卷的本子存在着；但这部书，从它的内容来推测，似是老聃死后经过了一百二三十年之后，老子的后学集合那依据口诵而传述的话编纂了的，其中很有后来的思想混杂了进去。所以，要研究老子这个人的思想，非从其中抽出以为很早的部分来

---

❶ 拙著《老子原始》第一章。——原注

研究不可。❶

儒家的始祖孔子，是以说人类道德为主眼的，对于人类的道德是本诸天所赋予的人类的心的本质的这一点，只作哲学的研究；墨家的始祖墨翟，也只是用兼爱本诸天志这句话来说明同一的意义。至于老子，却更进一步，力说人类的道是随顺天的道的，因此其根本便是天道。

"道可道，非常道；名可名，非常名。无，名天地之始；有，名万物之母。"（《老子》第一章）这一节，是说儒家力说的仁道及墨家力说的兼爱，并不是普遍恒久的道（即常道），只是适应于某时代的教。真正的常道，是绝对的，并不是一时的，相对的。一切人类的知识，是相对的，人类的语言（即名）是相对的，是能说明的，却不能说明绝对的常道。所以，对于相对的现象（即万物），是各有其名的，但对于天地之始，即绝对的常道，却没有说明他的名。因此，儒家所说的仁道，墨家所说的兼爱，也是相对的，所以不是常道。道家便扬弃儒墨之道，而说绝对的常道。那么，所谓常道，是怎样的东西呢？说：

> 有物混成，先天地生，寂兮寥兮，独立不改，周行而不殆，可以为天地母。吾不知其名，强字之曰道，强为之名曰大。

---

❶ 拙著《老子原始》第一章。——原注

（《老子》第二十五章）

由这些话来看，老子的道是天地万物的本源，因为并不是人类道德那样的小的东西，所以也把它叫作"大"。但是这个道，是超越人类的认识的实在，所以不能用人类的语言来形容。老子说：

> 视之不见名曰夷，听之不闻名曰希，搏之不得名曰微，此三者不可致诘，故混而为一。（《老子》第十四章）

就是：老子的道，是超越我们的视觉、听觉及触觉的实在，是唯一无二的存在。所以，老子又把道叫作"一"。

> 一生二，二生三，三生万物。（《老子》第四十二章）
> 昔之得一者：天得一以清，地得一以宁，神得一以灵，谷得一以盈，万物得一以生。（《老子》第三十九章）

上两章中称为"一"的，便是道的替代的名词。道的称为"一"，又称为"大"，是万物之本体的道，在数上是唯一的存在，在量上是最大的无限的实在的意思。因而老子的哲学是一元论，这一元的本体是周行于万物的普遍的东西，所以也叫作"大"。道是如此的周行于万物的普遍的，又独立而不改的恒久的，唯一无二的实在；但这又是超越人类的认识的，所以不能用人类的语言来说明。这，如其不加以说明，便没有使别人悟得的方法；所以老子便用"常""无""有"三个字来说明它。所谓"有"，是形容现象界（即万物）的话，现象是我们能够认识的，所以把它叫作"有"。但是，道是超越我们的认识的，不能用我们的语言来形容，勉强要形容，只有说"不是有的东西"，即"无"。所以老子说：

> 其上不皦，其下不昧，绳绳兮不可名，复归于无物。是谓无状之状，无物之象，是谓惚恍。（《老子》第十四章）

万物之本体的道，是超越我们的认识的，但由道而显现的现象，明明白白是存在的，所以道的存在，不能否定。但要形容这个道，绳绳地不知道可以名状的话，如其勉强要名状它，那么，只能用并非现象界的万物的实在，即"无物"这句话；所谓"无物"，是不能名状的状、不能形容的形，即"无状之状、无象之象"的意思。老子如此地以"无"字来形容道；但所谓"无"，是"不是有的东西"的意思，并不是空无的意思。所以，如其用肯定的话来形容，那么，这可以叫作惚恍。

> 道之为物，惟恍惟惚；惚兮恍兮，其中有象；恍兮惚兮，其中有物。窈兮冥兮，其中有精；其精甚真，其中有信。（《老子》第二十一章）

这里所谓惚恍，所谓窈冥，只是肯定地表现无状之状、无象之象。在惚恍窈冥之中，有精妙真实的作用，这作用成了现象而显现了，所以现象如柳绿花红般不违反春秋的时节地动着。所谓其中有精，其中有信，便是这个意思。总之，老子虽则以"无"字来说明道，但这不是空无的意思，而是超越人类的认识的实在的意思。那么，超越认识的道，并不是空无，这如何能够悟得呢？我们可以由于现象的存在来想象它的。

夫物芸芸，各归其根。归根曰静，静曰复命。复命曰常。（《老子》第十六章）

这一节，很能显示这个意思。就是：现象界的万物，芸芸地生成、变化，但不知在什么时候，又还到原本的本体中；这万物生成变化而终于还到其本体中是自然的运命，随顺这命，便是复命；万物复命，这是不论古今，不论东西，永远在践行的永久不易的真理，所以这可以用"常"来说明。这永久不易的真理，便是道的精妙真实的作用，因为有这个作用，所以，道又可以叫作"常道"。因而，道是超认识的实在，但并不是超现象的存在，现象便是道的作用的发现。总之，"常""无""有"这三个字，是为了说明道是怎样的东西的语言，"有"是现象界的差别的存在的意思，"无"与"常"是说明无差别绝对的本体的。

一切的现象，是由道而显现的存在，不外于道的作用。但是人类，相对地观察这现象，差别其高下，分别其难易，在这差别的见解之下考虑一切。老子说的：

> 有无相生，难易相成，长短相形，高下相倾，音声相和，前后相随。(《老子》第二章)

便是说现象界的存在，全是差别。从我们的知识上来看，现象界的万物，都是如此地被差别的，但是，这是分划了在大道周行的过程中显现出来的变化来观察的，所以从道本身上来讲，一切都不是单独地存在的。实在可以说：

> 祸兮福之所倚，福兮祸之所伏。(《老子》第五十八章)

但是，人们总把祸福分开来，避祸而求福。因此，有了竞争，发生了祸乱，不能各自随顺这自然的运命。这不能不说是很违反道的行动。

为避免这违反道的行动，老子教导以濡弱谦下的方法。就是：人类的认识全是差别的，如其没有差别，人们便什么都不能认识，但是，本诸这差别的知识而行动，便远离道的自然。本诸差别的知识而能随顺道的自然的方法，是人们无论什么时候，总避高而就低，弃荣誉而守垢辱，辞强刚而就柔弱。所以老子说：

知其雄，守其雌，为天下溪。……知其白，（守其黑，为天下式，……知其荣，）❶守其辱，为天下谷。(《老子》第二十八章)

弱之胜强，柔之胜刚，天下莫不知，莫能行。(《老子》第七十八章)

上善若水。水善利万物而不争，处众人之所恶，故几于道。(《老子》第八章)

这便是老子的处世术，濡弱谦下之说。

第二节　关尹

老子的后学，其数很多，其中最有名的，是关尹、列子及杨朱。这三个人之中，关尹和杨朱似是亲炙老子的；列子虽不曾见过老子，但似通过关尹，受了他的影响。这三个人，虽则都祖述老子之学，但是他们所主张的都多多少少有点不同。《吕氏春秋·不二》篇中说"关尹贵清，子列子贵虚……阳生贵己"，这便是最简单地说明了三个人的主张的特征的。

据《史记》，关尹喜是周、秦国境间守关的人，是当老子离开

---

❶ 经后世考证，括号内句子为后人妄加，当删。——编者注

周而隐遁到秦地去的时候，就老子受《道德经》五千言的人；但从道家的文献来推测，仍似居宋、郑的地方的人，似直接受教于老子。他的著作，虽有现在的《关尹子》九篇，但这是后世的伪作，不足信。因而，要知道关尹的学说，没有直接的资料；幸而《庄子·天下》篇，引了这个人的话，说：

> 在己无居，形物自著。其动若水，其静若镜，其应若响。芴乎若亡（忘），寂乎若清（静），同焉者和，得焉者失。未尝先人而常随人。

由于这一段话，可以知道他的思想。由于这一段话，可以明白，人们只要没有我执，便能显现自然的妙用的。人们应如水一般、如镜一般，成为无心，以应万事，应芴乎如忘，又应寂乎如清，这是关尹的主张。其中"寂乎若清"的"清"字，是《吕氏春秋》中所谓"关尹贵清"的"清"字，这个"清"字是关尹学说的中心。那么，"清"字是什么意思呢？

"清"字与"静"字同音，古书中通用的例子很多，上引的关尹的话中，也以"寂乎"两个字形容"清"字，所以"清"字定是"静"字的假借字。与《亢仓子》中说的"心正平而不为外物所诱曰清"合并起来看，可知"清"（静）是心不为外物所诱，便是心不为物欲所乱的意思。就是：关尹将老子的以濡弱谦下为处世的箴言的教训，及人们当弃刚强就柔弱、避荣高就卑下的教训，翻译为主观的标准，说离去人类的欲便是所以随顺自然的大道。

第三节　列子

　　列子，名御寇，是匿居郑的圃田的隐士，据说是郑缪公时代（公元前422—前396年）的人。（缪公，《汉书》作缪公，《史记》作缪公，"缪"与"缪"同音相通，"缪"是"缪"字之误吧，裴骃《集解》一本作"缪"❶）列子的《说符篇》及《庄子》的《让王》篇，都载着列子不应郑子阳的招聘的故事，子阳是死于缪公二十五年（公元前398年）的人，所以，依据这个传说，也可以知道，他是缪公时代的人。因而，从他的生存年代上来看，似是与老聃同时的后辈，没有直接学于老子的记录，只是，因为《列子·黄帝》篇中有他与关尹讲述故事的记载，所以，恐是通过关尹而传述老子的思想的吧。

　　关于列御寇的文献，现在残存着《列子》八篇。《列子》八篇是很驳杂的，有的人疑是后人的伪作❷，但是其中有很古的材料，适当地分解开来加以研究，可以概略地了解列御寇的思想。

　　老子把现象的本源叫作道，说明道生万物；列子把这叫作太

---

❶　参照拙著《老子与庄子》七十九页。——原注
❷　参照拙著《老子原始》附录《列子冤词》。——原注

易，说明太易生成天地万物的过程。所谓太易，是气、形、质三者融浑了的实在，这是视之不见、听之不闻、循之难得的实在，所以，把它叫作太易。太易的"易"字，是与老子说的"视之不见名曰夷"的"夷"字，同音相通的字；老子把道的超越视觉，拿"夷"字来形容，列子便作为"道"的代替的名称，把它叫作太易。这太易变化起来，便分为气、形、质，清轻的上而为天，浊重的下而为地，冲和之气为人，天地含精，化生万物，这也只是较精细地说明老子说的"一生二，二生三，三生万物"（《老子》第四十二章）的话而已。因此，列子的哲学，比诸老子的，并没有大进步；只是，在其处世法中，新增了"贵虚"的一点。《吕氏春秋》论评的"子列子贵虚"，便是指这一点。《列子·天瑞》篇中，有

> 或谓子列子曰："子奚贵虚？"……子列子曰："非其名也，莫如静，莫如虚。静也虚也，得其居矣；取也与也，失其所矣。"

的一条，很能说明其贵虚说。这里所谓"非名"，是舍弃人类的分别知虑的意思。人类为了舍弃知虑分别，第一是静，即离去欲，其次是守虚。所谓守虚，是虚心以去是非利害之念。因此，列子的所谓贵虚，是舍弃是非的判断，即知的判断的意思。列子的先生关尹，教以贵静弃欲；列子以为人类的发生"欲"，由于有是非的分别，如其人类能够去掉这个分别，"欲"也不会发生了，所以

比关尹的贵静说，更进一步，倡导贵虚。

第四节　杨朱

　　杨朱的传记，也很不明晰；《列子》的《黄帝》篇中，载着杨朱游南方沛的地方，受老聃的教导的故事，可以知道，他也是与老聃同时的人，是继承了道家的思想的人。

　　他的著述，也没有单独地遗留下来的，只在《列子》《庄子》《韩非子》等书中，散见他的言论，尤其是在《列子》中，有《杨朱》篇，其中有着许多记载，所以，可以想象其思想的大概。又《淮南子·氾论训》中说："全性保真，不以物累形，杨子之所立也。"依据这句话，他的主张在于"全性保真"这四个字。所谓"全性保真"，是保持人类的本性而不加损害的意思，这与《列子·杨朱》篇中说的：

　　　　太古之人，知生之暂来，知死之暂往，故从心而动，不违自然所好，当身之娱非所去也，故不为名所劝。从性而游，不逆万物所好，死后之名非所取也，故不为刑所及。名誉先后，年命多少，非所量也。

来比较考察，可以知道，他以为名誉、贵贱、年命等不是人类的

本性，满足当身之娱，即肉体的欲望，是所以全性的。又在同篇
中有

> 生民之不得休息，为四事故：一为寿，二为名，三为位，
> 四为货。有此四者，畏鬼，畏人，畏威，畏刑，此谓之遁人
> 也。……不逆命，何羡寿？不矜贵，何羡名？不要势，何羡
> 位？不贪富，何羡货？此之谓顺民也。

的话。依据这段话，可以知道，他以为寿、名、位、货这四者，
是违反人类的本性的外诱；因此，他说儒家的以仁义导人，是借
美名以贼人性，说墨者的勤苦其身而为天下服务是愚蠢。总之，
杨朱的主张是：人类的本性只是色、食之欲，人，不为别人谋划，
又不害别人，只满足自己的欲望便行了。这一看，似与老子的思
想不相容的，但实在，是承受老子的以随顺自然为人类的道的说
头的，他以为自然的道在人类间显现的是色、食的欲望，满足这
种欲望便是所以随顺自然，所以他也是道家的一派。

　　总之，老子的后学关尹、列子、杨朱这三个人，在其哲学上，
都与老子相同；至于说及处世法，有的贵清，有的贵虚，有的贵
己，有所不同。

第六章

稷下之学

第一节　齐的稷下

上面，叙述公元前500年左右到前350年左右的约一百五十年间的思想界的大势。在这个期间，墨家比较传布得广，儒家以鲁、卫为中心，在黄河以北的地方传布，道家以宋、楚为主，在黄河以南的地方有势力。

公元前357年，齐威王即位，在位三十八年，宣王代之，宣王在位十九年，死于公元前301年，这五十七年间，是齐国最繁荣的时代❶，当时齐国的都城是文化的中心，学者的渊薮。齐国据有北方山东的地方，所以有如此的繁荣，是因为威王、宣王这两王，招聘天下的学士，这个时候，集于齐国的学士，据说有七十

---

❶　一般说齐威王（前356—前320），齐宣王（前350—前301）。——原注

余人之多❶。当时齐国的都城，便是现在的山东临淄，都城周围五十里，开十三门，其南门叫稷门（所以把南门叫作稷门，是因为都城的南门临淄水，对着稷山的缘故），当时集在都城中的学士，在这稷门之下，赐以很好的邸宅，他们虽则并不参与实际的政治，却受列大夫的优遇❷，所以史家把他们叫作稷下之士，又综括他们的学说叫作稷下之学。

这个时候，游于稷下的学者中，著名的，在儒家，有孟子自邹赴齐，见宣王；在墨家，有宋钘、尹文；在道家，有环渊。孟子的学说，一转而为《公羊春秋》之学；环渊的学说，唤起了田骈、慎到；墨家的影响，在《吕氏春秋》中，留着他的影子。总之，稷下之学的特征，是历来由于地域分化的思想，在这个时代，因为集在一个地方，互相影响，显现了折中的倾向，又因为不同的思潮的合流，议论很纷杂。

第二节　孟子

为概要地观察稷下学士，先一观察孟子。

孟子，名轲，邹人，初学于子思的门人，学成后，游说梁惠

---

❶ 《史记·田敬仲完世家》。——原注
❷ 《史记·孟子荀卿列传》。——原注

王，不久，惠王死，襄王代之，便成了襄王的人；后游于齐。当时，齐国是威王死，宣王才即位的时候，正是宣王想把天下的名士集于自己之下的时候，所以由衷地欢迎他；到宣王伐燕，其志不遂，便辞齐赴宋，游于滕，又想仕于鲁，不得志，晚年归故乡，似专从事于门人的教育。集录他的言论的，有《孟子》七篇❶；由于这本书，可以仿佛知其思想的大概。

孟子生于墨子之学与道家的一派杨朱之说流行的时代，继孔子之学，排斥杨墨，以宣扬孔子为己任。"天下之言，不归杨，则归墨。杨氏为我，是无君也；墨氏兼爱，是无父也。无父无君，是禽兽也。……杨墨之道不息，孔子之道不著……吾为此惧，闲先圣之道，距杨墨，放淫辞，邪说者不得作。"（《滕文公下》）看了他的这一段话，便可知道其志何在了。

他学于子思的门人，私淑孔子，愿学孔子。因此，他所说的，只是祖述孔子的学说，使发展罢了。孔子的道是仁，为完成仁，教以忠恕之法；孟子继承孔子的学说，也说"强恕而行，求仁莫近焉"。（《尽心上》）孟子更进一步，为对忠恕之法建立基础，倡导性善说。

据《论语》，孔子不曾论过性。因此，性善说似全然是孟子的创说，实际上，孟子只是改造孔子的天命的说头为性善说而已。孔

---

❶ 据《汉书·艺文志》，《孟子》似为十一篇，现在留存的只七篇。今本，是后汉赵岐削去十一篇本的外书四篇，留存了内书七篇的。——原注

子的天命，是由天赋命的意思，从主观上来看，是我们人类心中先天地种植了的道德心的意思，从客观上来看，是我们所遭遇的运命的意思。孔子所说的"不知命，无以为君子也"的命，属于前者，当不协其意的时候，叹息说"命矣夫！"的命，属于后者。孟子把孔子的所谓命，区别为两个概念，就是：其主观的方面，显现人类的道德心，用"性"字，其客观的方面，显示运命的意思，用"命"字。因此，孟子的性，是稍稍把孔子的命局限了的。

孟子如此地区别性与命，主张人性是善的。但是，"性"，从这个字的构造上来看，是表示与人的生同时赋予的心性的字，当然有道德的欲望，也不能限定不含有反道德的分子；孟子本于什么，能断定人性是善的呢？要了解这一点，有理解孟子如何地解释人的精神作用的必要。

孟子以为人的精神作用，是由心与耳目经营的。就是，据孟子说，心是营在内思维的作用的，耳目是受了外物的刺激，营感觉它的作用的，当人受了外物的刺激而感受它的时候，一定伴随着"欲"，如其随顺着这欲而行动，不顾心的判断，那么，种种的罪恶便发生了，反之，有心在内思维，人如其在内思维而不欺瞒，那么，罪恶便不会发生了。因此，人类的心本身，是善的，当他为外物的欲所牵累的时候，才会发生恶。恶是由于为外物的欲所牵累而发生的，所以不是心的本性；在心底本性中，具备着判断善恶的良知与弃恶趋善的良能。因为人的心中，先天地有着这良知良能，所以，人能够由于自己的内省，直觉到善恶，又把这直觉了的推广开来，能够完成仁道，所以这便是忠恕之道。因此，孟子的性善说，是为把孔子所说的忠恕之法建立基础的说明。

那么，孟子的所谓性善，是怎样的？孟子说：人是生而具有恻隐之心、羞恶之心、恭敬之心与是非之心的。恻隐之心是仁之端，羞恶之心是义之端，恭敬之心是礼之端，是非之心是智之端，如人的形体有四肢附属着，心内具备着这四端，所以，人如其把这四端扩充开来，那么，自然会成为很好的仁、义、礼、智的四德。因此，仁、义、礼、智这四德，不是从外部借来以修饰"我"的，是在"我"的心中，先天地具备着的德性。我们希望长寿与富贵，但是，我们有不论怎样努力也不能积蓄财产及保持长命的场合，这是因为生命与财产，是存在于"我"之外的，能不能得到，是由运命决定的。反之，仁、义、礼、智这四德不是存在于外部的，是我们的心中具备着的德，所以不论什么时候，都能够直觉到及实行它的。

依着这一段话来看，孟子的所谓善，是仁、义、礼、智的四者，把能够直觉到它及实行它的能力，叫作良知、良能。因为在人的心中，先天地具备着能够直觉到它及实行它的能力，所以主张人性是善的。

据孟子，以为人性是善的，恶是耳目受了外物的刺激，引诱了心，使发生了欲望而起的。就是，当心内省的时候，不发生任何的罪恶，到一为物所诱，便发生了恶，因此，心是善的，恶是由于外物而起的。所以，人类的修养，这两个方面都是必要的：

一、积极方面，努力发挥良知良能的力；二、消极方面，努力使耳目顺从心的命令。为达到第一个目的，倡"存心"；为达到第二个目的，倡"求放心"。所谓"求放心"是：

> 仁，人心也；义，人路也。舍其路而弗由，放其心而不知求，哀哉！人有鸡犬放，则知求之；有放心而不知求。学问之道无他，求其放心而已矣。(《孟子·告子上》)

依据这一段话，便可以了解他的意思。因为所谓放心，是指心为外物所牵累，便不能作正当的判断；所谓"求放心"，是使心不为外物的欲望所遮蔽，换句话讲，便是寡欲。所以，孟子说：

> 养心莫善于寡欲。其为人也寡欲，虽有不存（心）焉者，寡矣；其为人也多欲，虽有存（心）焉者，寡矣。(《孟子·尽心下》)

寡欲，是为求放心的努力；求放心，是使不失人类的本性。其次，关于"存心"：

> 孟子曰："君子所以异于人者，以其存心也。君子以仁存心，以礼存心。仁者爱人，有礼者敬人。爱人者，人恒爱之；敬人者，人恒敬之。有人于此，其待我以横逆，则君子必自反也：我

必不仁也，必无礼也，此物奚宜至哉？"（《孟子·离娄下》）

细味这一段话，可以知道，存心便是自反。自反，换句话讲，是反身而使诚。所以，又说：

孟子曰："万物皆备于我矣。反身而诚，乐莫大焉。强恕而行，求仁莫近焉。"（《孟子·尽心上》）

这里，"诚"与"恕"是对用的，这与《论语》中所谓思想是同一的意思，"诚"便是"忠"的意思。因此，所谓诚，是自己内省自己的心而不虚伪。孟子以为人类道德的法则都是"我"的主观具备着的，所以，人由于反身而诚，便能直觉到善恶。这道德性，是由天赋予的，所以能够说：

诚者，天之道也。思诚者，人之道也。（《孟子·离娄上》）

总之，存心的本性，发挥良知与良能的积极的努力，是诚；据御本心的放失的消极的方法，是寡欲。"诚"的努力，是继承孔子的"忠"的，儒家本来的修养法；至于寡欲说，是历来的儒教中不曾看到过的一点，实类似道家的主张，孟子或者参酌了道家的说法也未可知。

孟子以为人是先天地具备着道德性的，直觉到它及实践它，便是人类的道；他以为，政治也是应该本诸这道德的。因此，他的政治论，以为陶冶人类的心性，保持和平的心情，实比改造社会以增进人民的福利，更其要紧。于是，他在见梁惠王的时候，竭力地讲应该丢开利而依据仁义；其次，对于齐宣王，也排斥齐桓公、晋文公的霸道，说应保民而王。所谓保民而王，便是以德治民，不一定非借大国不可。于是，孟子在齐、梁两大国不得志之后，想借滕文公来实行他的理想。对文公宣示政治的大纲：第一，兴学校，教人伦；第二，实施井田法，减轻租税。他最重视这两端。关于第一项的教育，以契为尧之司徒，教以五伦（即父子之亲、君臣之义、夫妇之别、长幼之序、朋友之信）为理想；第二，井田法以文王之治为理想。

总之，孟子是反对风靡当时的杨朱、墨翟之学，祖述孔子，而使其学说发展，而成一家的人。他在思想史上的功绩有两点可以列举出来：第一，是分析孔子的"命"的概念为"性"与"命"两者，主张性善论，对孔子的道德论建立了基础；第二，是对于孔子的以周公为理想，他以文王为理想，显示明确的政治抱负。

第三节　春秋之学

关于孟子，还有一点得注意的，是他的尊重《春秋》。据《论语》，孔子当作经典而引用的，只有《诗》与《书》两经；孟子，却于《诗》《书》之外，又称引《春秋》。据《孟子》，《春秋》主要的是记述齐桓公、晋文公的事迹的历史，原本是成于史官之手的记录，孔子加以修改，成了在隐微之间，用褒贬的话以寓儒教的大义的了，孔子自己也说，"其义则丘窃取之"（《孟子·离娄下》）。孔子作《春秋》的动机，是因为当时世道衰微，邪说暴行续起，有臣弒其君的，有子弒其父的，孔子为要加以举诛，所以作《春秋》。孟子的时代，也是圣王不作，诸侯放恣，处士横议，杨朱、墨翟之言盈天下，所以孟子继承孔子作《春秋》的精神，说要开先圣之道，距杨、墨，放淫辞，正人心。（《孟子·滕文公下》）由于这一段话，可知孟子一生的努力，全是继承《春秋》的精神的，他的尊重《春秋》也可以知道了。孟子居留得最长久的，是齐国，所以，在齐国传布了《春秋》之学。

据《汉书·艺文志》，解释《春秋》的传，有左氏、公羊、穀梁、邹氏、夹氏的五家，其中公羊与邹氏，我以为是齐国产生的《春秋》说。

通览现存的《春秋公羊传》❶，其中引用公羊家的先师的说法的，很值得注意。这些先师的名字，集合扰来，有（一）鲁子、（二）乐正子春、（三）子沈子、（四）子公羊子、（五）子北宫子、（六）高子、（七）子司马子、（八）子女子八个人。其中第一的鲁子，似是曾子之误。第二的乐正子春，是曾子的门人。第三的

---

❶ 《春秋公羊传》亦称《公羊春秋》《公羊传》。——编者注

子沈子，不知是谁。第四的子公羊子，是传承《公羊春秋》的传承的学者，据《公羊传》的"疏"中所引的戴宏的话，可以知道，是公羊高、公羊平、公羊地、公羊敢、公羊寿一代代传承下来的一家。但是，公羊这个姓，是除了《公羊春秋》的传承之外不大看到的一个姓，只《礼记·檀弓》篇中，有公羊贾的姓名。清儒洪颐煊说，这个公羊贾是《论语》里的公明贾，"羊"与"明"古音近，所以通用的，这大概是正确的吧。果真如此，那么，公羊传承的公羊高，是公明高，是曾子的门人；公羊地是孟子所引的公明仪吧，"仪"与"地"古音近。因此，以上的诸人，是自曾子到孟子的传承公羊学的人。其次，子北宫子与子司马子，不知是谁；北宫与司马，是在齐国很多的姓。高子，据说是学于孟子的人，所以，这些人，都是孟子游于齐之后，在齐国传承"公羊春秋说"的人吧。如其果真如此的话，那么，可以知道，"公羊春秋说"，是孟子游于齐之后，在齐国传布的。据王应麟的《困学纪闻》，《春秋公羊传》中齐国的方言很多，这也是公羊说在齐国产生及学习的旁证。

再看《公羊传》的内容，开章明义便说：

> 元年者何？君之始年也。春者何？岁之始也。王者孰谓？谓文王也。曷为先言王而后言正月？王正月也。何言乎王正月？大一统也。

　　《公羊传》的尊文王与孟子的以文王之治为理想颇类似。此外，《公羊传》中，有似敷陈《孟子》之文的文章，到处可以看到。所以，公羊学定然是孟子的影响留在齐国的。

　　其次，《春秋邹氏传》，在前汉末已亡，不传，所以不能明白地讲，汉王吉是通邹氏学的，而且在王吉上宣帝的疏中，有：

　　　　春秋所以大一统者，六合同风，九州共贯也。（《汉书·王吉传》）

的一节，这"大一统"的话与《公羊传》的说法相同，所以，《邹氏传》似与《公羊传》的思想相同；下面的"九州共贯"的话，使联想到邹衍的九州说，所以，《邹氏传》或者是汲邹衍之流的《春秋》说也未可知。清末学者廖平的《公羊春秋补证凡例》中说：

　　　　邹子游学于齐，传海外九州之学，与公羊家法同源，由中国以推海外人所未睹，由当时以上推天地之始，所谓验小推大，即由伯以推皇帝也。

　　这一段话，显示了在《公羊春秋》与邹衍的五行说、九州说之间有着类缘。再把《春秋邹氏传》与《公羊传》的思想相同这一点合起来看，可以想象，《邹氏春秋》是邹衍一派的产物，这也是受了孟子的影响，在齐国发达了的《春秋》说。

第四节 邹衍

邹衍，也写作驺衍，齐人，游于稷下，后为燕昭王之师，又赴赵，为平原君所信任，所以是比孟子稍后的人，是在稷下受了孟子的影响的吧。

《汉书·艺文志》中，邹衍的著作，有《邹子》四十九篇、《邹子终始》五十六篇，今都不传。但《史记》的《孟子荀卿列传》中讲到他，介绍他的学说，所以，由此可以知其大概。

驺衍睹有国者益淫侈，不能尚德，若《大雅》整之于身，施及黎庶矣。乃深观阴阳消息而作怪迂之变，《终始》《大圣》之篇十余万言。其语闳大不经，必先验小物，推而大之，至于无垠。先序今以上至黄帝，学者所共术，大并世盛衰，因载其禨祥度制，推而远之，至天地未生，窈冥不可考而原也。先列中国名山大川，通谷禽兽，水土所殖，物类所珍，因而推之，及海外人之所不能睹。称引天地剖判以来，五德转移，治各有宜，而符应若兹。以为儒者所谓中国者，于天下乃八十一分居其一分耳。中国名曰赤县神州。赤县神州内自有九州，禹之序九州是也，不得为州数。中国外如赤县神州者九，乃所谓九州也。于是有裨海环之，人民禽兽莫能相通者，如一区中者，乃为一州。如此者九，乃有大瀛海环其外，天地之际焉。其术皆此类也。然要其归，必止乎仁义节俭，君臣上下六亲之施，始也滥耳。

以上是《史记》所介绍的邹衍的思想。依据这段话，邹衍学说的出发点与结论，原本与儒家的主张相一致，其中只有五行说与九州说不同，恐怕邹衍学了那由于孟子的游齐而在齐国传布的儒家言，推广其对于《春秋》的看法，而推及未知的世界的吧。就是，在历史上，归纳大家知道的事实，论断说，时势是由于木、火、土、金、水的五行的消长而推移的，依据这五行消长的法则，想象历史以前，且预测将来。在地理上，以他们所目睹的九州为基础，以九乘之，以想象未知的世界。如其果真如此，那么，邹衍的五行说中，也有孟子的影响。

总之，孟子赴稷下的结果，是儒家学说在齐国传布，于是成立了"公羊春秋说"与邹衍的五行说。这《公羊春秋》的思想，到进了汉代，董仲舒出，便风靡一世；邹衍的五行说，不久影响到渤海湾海岸的方士，产生了神仙传说。

第五节　田骈与慎到

老子的弟子中，有叫环渊的，这个人从楚国游于齐国，把道家思想输入稷下；但现在没有可以知道其思想内容的资料。但我们幸而还能够略述受了他的影响而起的田骈与慎到这两个人。

田骈，齐人，学于稷下，晚年事孟尝君，似曾赴薛。他的著作，有《田子》二十篇，今不传。慎到，赵人，游学于稷下，晚年似曾赴楚，不详。他也有《慎子》四十五篇，但现在只传宋滕辅注解的残缺本，其完本未见。因此，由这点材料，来阐明他们的思想，颇为困难；幸而《庄子》的《天下》篇中，概括地介绍了他们的主张，所以可以知道其大略。

《庄子》的《天下》篇中，载着田骈、慎到学于彭蒙的事，下面那么对于三子的学说加以概评。

> 公而不党，易而无私，决（缺）然无主，趣物而不两，不顾于虑，不谋于知，于物无择，与之俱往。古之道术有在于是者，彭蒙、田骈、慎到闻其风而悦之。齐万物以为首，曰："天能覆之而不能载之，地能载之而不能覆之，大道能包之而不能辩之。"知万物皆有所可，有所不可，故曰："选则不遍，教（校）则不至，道则无遗者矣。"

由于这一段话，可以知道，彭蒙、田骈、慎到这三个人，把舍弃自己的知虑，齐视万物，叫作道。当然，天地万物各有长处和短处，本诸人类的知虑而下判断，自生优劣，但这是由人类看到的优劣，并不是物的本身之优劣。万物，从它的本身来讲，都是绝对的，在其绝对上都是平等的。所以，人类应该舍弃自己的知虑，观察万物的平等这一点。这是这三个人的主张。

舍弃人类的知虑，是弃知；把万物看作平等，是齐物；所以，这三个人的主张，可以简约成"齐物弃知"四个字。所谓弃知，是舍弃人类的是非的判断的意思；舍弃人类的是非的判断这个主张，是已在列子的贵虚说中显现了的思想，所以，这三个人恐怕是从列子的贵虚说出发而发展的吧。

这三个人，虽说都是主张齐物弃知的，但其间又自有轻重之差，不一定是同一的思想。

《吕氏春秋》的《不二》篇中，说"陈骈贵齐"，这里所谓陈骈便是田骈，特地说田骈是贵齐的人，这是暗示贵齐说的代表者是田骈。由《吕氏春秋》的注中说的"陈骈齐生死、等古今"这句话来推测，这是与《庄子》的《齐物论》篇中说的思想类似的思想，所谓死生，所谓古今，原是连续的一个东西，人们执着于这个连锁的一个局部，区别前后，或悲或喜，是错误的。

其次，《天下》篇介绍慎到的学说，说慎到弃知去己，全任万物的自然，不加以干涉，以为道理，第一排斥人类的知虑，其次非笑天下之人的尚贤者，主张依法行刑。《荀子·解蔽》篇杨倞的注中也说：

　　慎子本黄、老，归刑名，多明不尚贤、不使能之道。故其
　说曰，多贤不可以多君，无贤不可以无君。其意但明得其法，
　虽无贤亦可为治，而不知法待贤而后举也。

　　依据这一段话，把他们来比较一下，可以知道，慎到注重弃
知说，反对墨家的尚贤说，主张由法以致治。因此，田骈与慎到，
都是立脚于列子的贵虚说，而主张舍弃人类的知虑的。田骈却在
论理上更进一步，舍弃人类的知的批判，着眼在万物都是绝对平
等的这一点，倡齐物说。慎到虽则根据弃知说而毁谤圣人，但是，
天下如其自热地放任，那么，便将不可收拾，为收拾天下，应该
制定法，以法来治，不可以依赖千百年只出来一两个的圣人。

　　因此，他们两个人，虽则都从列子的贵虚说出发，但前者在
论理上发展它，到达齐物哲学；后者在实际上应用它，转换成尚
法主义。前者的哲学，成了庄周的先驱；后者的主张，成了韩非
的渊源。因此，慎到是道家转而成为法家的转换期的人物。

第六节　管子之书

　　我们在前几节中，叙述稷下的道家渐渐地转成为法家。这里，
试举《管子》中的道家言，作为一个实例。

　　《管子》八十六篇，历来传为管仲的著述；但是，其中最早的

《经言》篇中，包含着非战国时代不能讲述的记事，最早，是只能追溯到宣王以前的著述。这部书，恐怕是稷下的学问风靡了一时之后，齐人托诸管仲以自重的，仍旧可以看作稷下学士的余韵。

其内容，很驳杂，新旧的资料混淆着，思想矛盾的地方也不少；但是从大体上看，道家与法家的思想占着主要的部分。其中最显示了道家的思想的，是《心术》上下篇、《白心》篇及《内业》篇，《内业》篇略与《心术》上下篇的内容类似。这几篇里边，有韵的文章很多，其中有与老子《道德经》相仿佛的文章，所以恐怕是稷下的道家所传诵的话吧。仔细地研究这四篇的内容，其中表示着弃知说与尚法说。例如：

> 心处其道，九窍循理；嗜欲充益，目不见色，耳不闻声。
>
> 道，不远而极难也，与人并处而难得也。虚其欲，神将入舍。扫除不洁，神乃留处。
>
> 洁其宫，开其门，去私毋言，神明若存。纷乎其若乱，静之而自治。强不能遍立，智不能尽谋。……故必知不言，无为之事，然后知道之纪。……人之可杀，以其恶死也；其可不利，以其好利也。是以君子不休乎好，不迫乎恶，恬愉无为，去智与故。

上列三条，都是《心术》篇中的话，其中开头的两条，说应该虚嗜欲，近于关尹、列子的静虚说，后面的一条，斥智与巧，近于田骈、慎到。至于《白心》篇中说的：

> 是以圣人之治也，静身以待之，物至而名自治之。……名
> 正法备，则圣人无事。

有如听到了慎到的尚法说。在《经言》诸篇中，为张国之四维的礼、义、廉、耻，而说应该明法令、审赏罚，这是法家的色彩更浓厚了。考察这几点，便可以想象，在稷下，道家思想渐渐转成为法家；其转换期中的代表者，是慎到。

第七节　太公书

稷下的道家学者，依托辅佐桓公的霸业的管仲，作《管子》，这已在前面叙述过了；他们又依托齐国的建国之祖太公望吕尚，作《太公书》。

据《汉书·艺文志》，《太公书》有谋八十一篇，言七十一篇，兵八十五篇，合计二百三十七篇，其下的班固的原注中，说这些书中有近世之语，是为太公之术者所增加的，所以，这恐怕也是稷下学者所增益改作的吧。这些书，也已亡佚不传，所以不能知其详细。但《史记·齐太公世家》中说：

> 周西伯昌之脱羑里归，与吕尚阴谋修德以倾商政，其事多
> 兵权与奇计，故后世之言兵及周之阴权者皆宗太公为本谋。

把这两方面的话合拢来考察，可以知道，《太公书》的内容是以兵家言及阴谋家言为中心的。现在著名的兵家之书，有《孙子》十三篇与《司马法》及《六韬》。其中《孙子》十三篇，被当作仕于吴王阖闾的孙武的著作，仔细考察其内容，似是齐孙子即孙膑的书。❶《司马法》是齐威王使其大夫追论司马的兵法，且附加了穰苴的兵法的❷。所以，这是稍前于稷下盛时的兵法，道家思想的影响很微薄；《六韬》便很受了道家思想的影响。所谓"六韬"，分文、武、虎、豹、龙、犬的六韬，是梁录《隋志》以后才著录的著述，从它被叫作《太公六韬》这一点上来推测，恐怕是后人改作了太公《兵法八十五篇》的遗编的，其中还残留着太公兵书中的话吧。其中，有很显著的道家的影响，又有战国以后的话，这是因为成于稷下学士之手，更经过了六朝人的修改的缘故吧。

又据《史记·苏秦传》及《战国策》，说苏秦游说各国，不得志而归的时候，闭居一室，读太公阴符之谋，简练揣摩。所谓"阴符之谋"，恐怕便是太公的"谋八十一篇"吧。梁阮孝绪《七录》中，载《太公阴谋》六卷，《群书治要》中抄录其一部分，但这书也已亡佚，所以其全部都已不能明白。但是，被看作省略苏秦之书的《鬼谷子》❸的末尾，有《符言》篇，这怕便是把太公阴

---

❶ 参照斋藤拙堂的《孙子辨》及拙著《老子原始》附录《孙子十三篇的作者》。——原注
❷ 《史记·司马穰苴列传》。——原注
❸ 《汉书·艺文志》中，载苏秦之书三十一篇，今不传；现存的《鬼谷子》，是简略这苏秦之书的吧。——原注

符的要点，拔萃了的；依据这一点，太公阴符之谋中，也可以看
到道家的影响。

《鬼谷子》的《符言》篇，是由主位、主明、主德、主赏、主
问、主因、主周、主参、主名等九条而成，其内容与《管子》的
《九守》相一致，同时其一部分与《六韬》的《大礼》篇及《赏
罚》篇也相一致，结果，所谓太公的兵家言与阴谋家言，是与
《管子》也相通的，所以，大概是稷下盛时的文献吧。由于太公的
"兵"，兵家言发达了，由于"谋"，苏秦的纵横术发生了，这是
很有兴味的问题。这是说明了：当稷下盛时，道家言一方面转为
法家，同时在别一方面，影响到兵家言，更促进了纵横家的崛起。

第八节　稷下的墨家

墨家的始祖墨翟，据说曾经到齐国见过田和，传承其学说的
人中也有齐人，所以墨家在齐国传布，不一定开始于威王、宣王
的时代，在更早的时代便存在了吧。当威王、宣王的时代，集于
稷下的这一派的学者，可举宋钘与尹文两个人来。

宋钘，宋人，其思想的系统不明了；据荀子把他和墨子合评，
可以想象其为墨学者。宋钘，在《孟子》中写作宋牼，在《庄子》
及《韩非子》中写作宋荣子，牼与荣是钘的同音字，所以可以通
用的。

《庄子·天下》篇，评述宋钘的学说说："以禁攻寝兵为外，以情欲寡浅为内。"所谓禁攻寝兵说，是继承墨家的非攻说的；为要把它建立起基础来，他倡情欲寡浅说。所谓情欲寡浅说，是说人类的情欲本来并不是很大的，只要能保证自己的生活便满足了，但因为种种的误解发生错觉，这错觉成了本源，便发生了广大的欲望。例如，别人侮辱我，我感到被侮辱，便发生了恢复名誉的欲望，与别人争斗；因侮辱的别人，感到侮辱的是我，自己与别人是全然不同的，所以别人的侮辱碰到我身上，没有感到侮辱的必要，如其不感到侮辱，争斗便不会发生了，因为一切争斗的原因，都是因为混同了内外的区别，把外部的事情受到自己身上来的缘故，如其内外的区别明确了，人类的情欲便极寡浅了，便没有成为争斗的原因那样的东西了。这是他的主张的大要。

《庄子》的《逍遥游》篇中，评述宋荣子说，潜心于定内外之分，辨荣辱之境，而不顾毁誉。《庄子·天下》篇中说的宋钘"接（知）万物以别宥为始"，恐怕便是指上述的主张的吧。

其次，尹文是什么地方的人、研究如何的学问，这都没有明了的记录；刘向《别录》的佚文中，有"（尹文）与宋钘俱游稷下"的话，《庄子》的《天下》篇中，把他与宋钘合评，综合这两点来看，可以想象，他也与宋钘一样，是汲取墨家之流的人吧。

现存《道藏》中，存魏仲长氏编定的《尹文子》二篇，这在学者之间，信疑参半，未见定论，但我们由于《庄子·天下》篇，知道他在大体上与宋钘的思想是相同的。再注意到他的著作在

《汉书》中著录在"名家类"里这一点，他是对于"别宥"（即概念的分析、名实的关系）特别用力的人，成了后起的公孙龙子等的先导者。

关于稷下的墨家言，还有一句话不能不讲的，便是《晏子春秋》。这部书，是被当作记录晏婴的言行的，但这恐怕是稷下学士托诸晏婴的行事以述自己的主张的，其中混同着墨家言。所以，如柳宗元说是后世的墨家之徒著述的吧。但据《史记·孟子荀卿列传》，说稷下学士淳于髡，博闻强记，慕晏婴之为人，所以，或者不是成于这些人手中的也未可知。总之，在现存的《晏子春秋》中，有多少的墨家思想的影响，这是事实。

第九节　稷下学士分散

威王、宣王两代，是齐国文化的黄金时代，在这个时代，各方面的思潮都合流到齐国，互相刺激，所以各方面都有极大的进步。例如：在儒家方面，孟子从孔子的天命说出发，区别性与命，倡性善说；在道家方面，田骈继承列子的贵虚说，创万物齐等的哲学。各方面都显示了前所未闻的精微。物穷则变，这是自然的道理，在儒家方面，曾子派的发展，在这里告了一个段落，子游派开始抬头了；在道家方面，慎到的一派分派出来，开始转到法家方面；在墨家方面，其中心从兼爱说移到寝兵说，为使寝兵说建立基础，注意到了概念的分析，且暗示了论理学派的勃兴。在这几点上，稷下的思想，都有着很重要的意义。

但到宣王死后，其子湣王立，他奋发二王的余烈，在南方，侵伐楚国的淮北、灭宋，在西方，摧三晋，却强秦、邹、鲁的君主及泗上的诸侯都执臣礼。因此，他非常骄慢，不听从学士的谏言。不久，秦、韩、魏、燕、赵等五国合力伐齐，湣王逃奔莒，稷下的学士也分散到四方去了。

到这个时候为止，大国的王，如齐宣王、梁惠王，招接宾客，以期有助于振作国势；但从这个时候以后，诸王的权力归于公子之手，公子们起而代为招接游士。其中最著名的，是齐国的孟尝君、赵国的平原君、魏国的信陵君及楚国的春申君这四个人，四国政治的实权都在四君的手中。历史家把这个时代叫作四君期。

这四君都争竞着把人才招集到门下，夸称食客之多，所以，稷下分散后，学士大多集于他们的门下。就是田骈逃离齐国，赴薛，被养于孟尝君；宋钘、尹文的后辈公孙龙，仕于赵国的平原君；稷下分散后方到齐国的荀子，也因了谗言，奔楚，成了春申君的客。

于是稷下的文化分散于四君门下。逃薛的田骈，感化了庄周；赵国的公孙龙，与桓团等竞诡辩，促进了论理学派的发达；最后，荀子在楚国创造了兰陵的文化。

试另列三章，以叙述他们的思想学说。

第七章

庄周及其后学

第一节　庄周

庄子，名周，字子休，宋蒙人，据说曾作蒙漆园吏。《史记》说他与齐宣王、楚威王同时，但据《初学记》卷二十七所引的《韩诗外传》的记载楚顷襄王曾遣人聘请他的故事，《庄子》的《说剑》篇中记着庄子谏赵惠文王的故事，楚顷襄王是公元前298—前263年的人，赵惠文王也是公元前298—266年的人，所以，庄子也大约是这个时期的人，稍后于孟子。❶

研究庄子的学说的资料，有现存的庄子三十三篇❷，大别为内篇七、外篇十五、杂篇十一。据说其中内篇七篇是庄周的手笔，此外的是后学附加的。但是仔细地一研究，内篇中也很混杂了新

❶ 参照拙著《老子与庄子》中《庄周的年代》条。——原注

❷ 参照拙著《老子原始》附录《庄子考》。——原注

的文章，哪一些是真正的庄周的学说，实难判断。但广集先秦著述中品评庄子的话来推究，庄周学说的中心是齐物说及全性说，前者在《齐物论》篇中论述，后者在《养生主》篇及《逍遥游》篇中论述，所以，把这两点当作庄周的思想是很适当的吧。

庄周的齐物论，是继承田骈的贵齐说的，田骈把生死古今看作齐等，庄周也记载着相同的思想。田骈是齐宣王时代居于稷下的学者，庄子稍后于田骈，似乎不曾去过稷下，但田骈也于晚年离齐赴薛，薛与宋很近，庄周受田骈的影响，是在田骈移薛之后的事吧。

据《齐物论》篇说："天地与我并生，而万物与我为一。"但是人们都不明白这"为一"之理，常常差别万物，争是非真伪，这是完全因为"道"隐而不明，"言"则流于浮华而不尽真理的缘故。所以说："道恶乎隐而有真伪？言恶乎隐而有是非？道恶乎往而不存？言恶乎存而不可？道隐于小成，言隐于荣华。"这便是，是非真伪的差别，所以显现出来，是因为不见全体，而执着于一局部的缘故。天地间的万物，是互相因地存在着的，所以可以说"彼出于是，是亦因彼"。而且，这不单在空间的方面互相依存，在时间的方面也是相因的，因此，在这里叫作死，在那边叫作生，不能不说"方生方死，方死方生"。一切现象，都是如此地在空间的及时间的两方面相因地存在着的，所以，万物是成为一个体系而存在的，不能孤立地存在的。因此，把这个和那个分离开来，加以是非然否的批判，是错误的。

　　一切的现象，在一方面有"可"的地方，在别一方面，定有
"不可"的地方；但这可否的评价，是因为偏于一方面而起的，从
"道"的全体上来看，既没有"可"，也没有"不可"，万物是一
体的。例如，现象如轮转的环，站在环的左面来看右面，左面看
去很好，右面看去很坏；站在上面来看下面，上面看去很好，下
面看去很坏。但这些都是偏于一方面的见解，不是公平的判断，
如其要下公平的判断，非站在环的中央来看不可；到一站在环的
中央的时候，彼此的相对，便自然地消灭了，便感到一切的现象
都是无穷尽地在运转的了。把这个彼此的对立的消灭的境界，叫
作"道枢"。

　　万物都出于道，但是，是道的一个局部，不是全体。于是乎，
甲与乙相对立的优劣的比较便发生了；但是，万物都出于道，都
有着应该如此的理由，从这一点上来看，万物都是绝对的、平等
的，这叫作"天钧"。所谓"天钧"，也写作"天均"，是"自然
的平等"的意思，指万物各自的绝对性。于是，庄子说，人们居
住在这个世界上，应该"和之以是非，而休乎天钧"。所谓"和之
以是非，而休乎天钧"，是舍弃人类的知识，而随循自然的平等性
的意思。

　　庄周的哲学，胚胎于田骈，这已在上面叙述过了，但他的处
世论，我以为是出于杨朱的。杨朱的主张，前面说过，用一句话
来概括，可以归诸"全性保真"这四个字中。庄子也在《养生主》
篇中说：

为善无近名，为恶无近刑。缘督以为经，可以保身（真），可以全生（性），可以养亲（身），可以尽年。

这是强调全性保真说。就是，依据这一段话，庄子是说不为了名而行善，也不作那触犯刑罚的恶，如其依据人类身内的欲求而行动，那么，便能保其本真、全其本性、养身、全天年，这与杨朱的思想全然相同。又杨朱为了全性保真，说非舍弃寿、名、位与货的四项不可；庄周也在《逍遥游》篇中，力说非去掉名、功与己不可。所谓名与功，相当于杨朱的名、位与货；只"己"这一个字，是杨朱所不说的。杨朱，如孟子所非难的那样，是为我主义的人，是特别重视"己"的，所以，不敢说去己；庄子却教导说，己也要舍弃。庄周的说去己，是说舍弃以自己为标准的是非利害的判断，而应该依据万物齐同之理，悠悠自适的；他的所以说去己，是采取田骈的贵齐说的结果。于是到了庄周，巧妙地把田骈的哲学与杨朱的处世论结合起来，成了一家之学。人类的真性，杨朱解释为色食之欲；但据庄周，便成了离去是非的判断、彼我的相对而显现的自然的真性了。

前面已经说过，《庄子》的外、杂篇，是庄周的后学附加的，其成立的年代，各部分不同，所以其中的思想也自然不同了。仔细地叙述这些部分，这在这部小著述中是不可能的事。现在，单就下列二点事叙述一下：关于成为庄周的齐物说之中心的"天钧"的思想之进化；对于全性说的"性"的思想之进化。

《齐物论》篇中所谓的"天钧",是自然均平之理的意思。但在《寓言》篇中,却说:

> 万物皆种也,以不同形相禅,始卒若环,莫得其伦,是谓天均。天均者天倪也。

这是说,天地间万物,由同一种子而出,变化为种种的形状,如环一样地回旋的,这叫作天钧,也叫作天倪。所谓"天倪",是"天研"的假借,"研"字与"磨"字同义,所以,这是把天地万物的变化而回旋的,比之于磨石的回旋的。因此,天钧也成了自然的陶钧的意思,而不是均平齐等的意思了。《至乐》篇,更说明万物的变化的状态:

> 种有几,得水则为继,得水土之际则为蛙蚍之衣,生于陵屯则为陵舄[1]……青宁生程,程生马,马生人,人又反入于机。万物皆出于机,皆入于机。

这一段文章中的"万物皆出于机,皆入于机"的"机"字,与"种有几",是同一个字[2],把它与《寓言》篇中"万物皆种也"

---

❶ 陵舄:指车前草。——编者注
❷ 关于"种有几"的"几"和"万物皆处于机"的"机"是否为一个意思,尚不能定。一般古书前者作"幾",后者作"機"。此"几"同"机"讲,陶鸿庆即此见。——编者注

的话比较起来观察，我们可以想象，《寓言》与《至乐》的作者，对于天地间万物的变化，从生物学上来看，以为由同一种子而出，转转地变化的。这与庄周《齐物论》中的思想来比较，是大大地转化了的思想。现存的《齐物论》篇的底末了，有着

> 昔者庄周梦为胡蝶，栩栩然胡蝶也。自喻适志与，不知周也。俄然觉，则蘧蘧然周也。不知周之梦为胡蝶与，胡蝶之梦为周与？周与胡蝶，则必有分矣。此之谓物化。

的话，物化的思想，也是要与《寓言》与《至乐》的思想相对勘才能理解的，怕不是庄周自己的思想。因为《齐物论》的后半，是移入了外篇的文章的，载着比前半稍后的思想。❶所以，在前半，把"天钧"用作自然均平的意思；后半，却用"天倪"来代替了"天钧"，天倪即天研，是把宇宙譬诸陶钧或磨旋的话。

第二节　庄周后学的复性说

庄周的处世道德，可以归之于"全性"这两个字，这已在上面叙述过了。但在庄周后学之间，有从"全性"转而倡"复性"的。

---

❶　参照拙著《老子原始》附录《庄子考》。——原注

　　泰初有无，无有无名；一之所起，有一而未形。物得以生，谓之德；……留（流）动而生物，物成生理，谓之形；形体保神，各有仪则，谓之性。性修反德，德至同于初。(《天地》)

　　上列的一节，是说明人性的本源在于泰初的无，说修性便是复归于泰初。这所谓复归于泰初，叫作复初，修其性叫作反性或者复情。那么，反性或者复初，如何才能做呢?《缮性》篇中，说反性之道，在于养恬，《刻意》篇中，说在于去知巧而合于虚无恬淡天德。这些，都是庄周不曾明言过的思想，是庄周后学发展了的。

第八章

论理学❶的发达

我们在稷下的墨学者宋钘、尹文的学说中，已经看到了论理研究的曙光。但是，这并不专于稷下的墨者，《庄子·天下》篇中说："相里勤之弟子五侯之徒，南方之墨者苦获、已齿、邓陵子之属，俱诵《墨经》，而倍谲不同，相谓别墨，以坚白同异之辩相訾，以奇偶不仵之辞相应。"所以，可以知道，南方的墨者，也关心到这种问题的。这种辩论的代表者，当推惠施与公孙龙。

惠施，宋人，事梁惠王，惠王死后事襄王，为相九年，为张仪所逐，奔楚，由楚怀王送回到宋，后来似死于宋。详细的经历不明。大概是梁襄王时代（公元前318—前284年）❷的人吧。惠子是非常博学的人，其藏书充五车；好诡辩，《庄子·天下》篇中，载着其辩十条：

❶ 论理学：即现在的逻辑学。——编者注
❷ 另有梁襄王即魏襄王卒于公元前296年一说。——编者注

一、至大无外，谓之大一；至小无内，谓之小一。

二、无厚，不可积也，其大千里。

三、天与地卑，山与泽平。

四、日方中方睨，物方生方死。

五、大同而与小同异，此之谓小同异；万物毕同毕异，此之谓大同异。

六、南方无穷而有穷。

七、今日适越而昔来。

八、连环可解也。

九、我知天下之中央，燕之北越之南是也。

十、泛爱万物，天地一体也。

上列十条中最后的一条，有"泛爱万物"的话，这依据《韩非子·七术》篇中说的惠施说偃兵来看，可以知道，惠施也是一个墨者。又第四条，与田骈及庄周把古今死生看作齐等的思想相同，这是表示时间观念无限地连续着，没有今昔的区别。既然没有今昔的区别，那么，如第七条那样，可以说"今日适越而昔来"。其次，第六条，是说空间观念的无限时，因为把空间看作无限的，所以，如第九条那样，可以说"我知天下之中央，燕之北越之南是也"。既然时间是无限地连续，空间是无限地扩展的，那么，天地间万物，都是处于时间及空间的某一位置的，不论在时间方面或者空间方面都是无限地连续的，所以，可以说天地万物都是一体的。既然天地万物都是一体的，所以，可以主张，平等地爱一切，即泛爱万物，就是，惠施由于时空的无限，认为万物是一体的，由此显示了墨家兼爱说是协于理的教导。

当惠施表示上列那样的"辩"的时候，当时的辩者桓团（韩檀）、公孙龙之徒，也以辩应之。所谓桓团，不知道是怎样的人；公孙龙，赵人，似事平原君，常主张偃兵，从这一点上来看，他也定是一个墨者，恐怕是尹文之徒吧。《庄子·天下》篇中，载着他们的诡辩二十一条，《列子》的《仲尼》篇中载着公孙龙的诡辩七条。试摘录数条于后：

一、卵有毛。

二、丁子有尾。

三、狗非犬。

四、孤驹未尝有母。

五、有影不移。飞鸟之景未尝动也。

穴、轮不蹍地。

七、镞矢之疾而有不行不止之时。

八、一尺之捶，日取其半，万世不竭。

九、白马非马，坚石非石。

十、目不见。

十一、火不热。

其中从第一条到第四条，对变化怀疑；第五条与第六条，怀疑运动；第七条与第八条，怀疑时间与空间；第九条，怀疑形名的关系；第十条与第十一条，怀疑人类的知识；都是怀疑地来看的，与这个相对，在《墨经》上，看到了想解决它的影子。

所谓《墨经》，是《经上》《经下》《经说上》《经说下》《大取》《小取》六篇；最后的两篇，是其概论，在《大取》中叙述墨家的宗旨，在《小取》中叙述辩论法。在《经上》《经下》篇中，述说在名家之间成为问题的名辞的定义，《经说上》《经说下》是其说明。这六篇，是什么时候写成的，不明白；但因为其中处理到惠施与公孙龙议论过的问题，所以，怕是在他们之后集积的吧。

一看《经》篇的内容，其中除了关于政治道德的名辞下定义之外，也有关于数学、物理学似的定义，颇为驳杂；尤其是有着关于知识论的条目，最值得注意。

《经》 　　　　　《经说》

（一）知，材也。　知：材，知也者。所以知也，而必知。若明。

（二）知，接也。　知：知也者，以其知过物而能貌之，若见。

（三）智，明也。　智：智也者，以其知论物而其知之也著，若明。

上列的三种知中，第一种的知是认识能力，第二种的知，是知觉作用，第三种的智，是知觉作用与认识能力相结合而生的知觉表象。据《墨经》，人类的知识是具备了这三种要素而产生的，所以，如"目不见"这样的事情，也的确可以如此思考的。我们的认识客观，第一是知觉作用的活动；知觉作用的器官，是耳、目、口、鼻、体的五官，《墨经》把它叫作五路。我们的知觉，大抵是通过这五路而知觉到的；也有不通过五路的知觉，这是时间的知觉。

> 知而不以五路，说在久。（《经下》）
>
> 智：以目见。而目以火见，而火不见。惟以五路智，久不当，以目见若以火见。（《经说下》）

"久"字，《经上》中说："久，弥异时也。"《经说上》中说："久，古今旦莫。"把上述的话比较一下，"久"是时间观念的意思便很明白了；因此，可以知道，时间的知觉，被当作不通过五路的特别的知觉。又在《经》及《经说》中，与"久"字相并，说明着"宇"字：

> 久，弥异时也。宇，弥异所也。（《经上》）
>
> 久：古今旦莫（暮）。宇：东西家南北。（《经说上》）

这里与"久"字对用的"宇"字，是空间观念的意思吧。在现存的《墨经》中，关于把久即时间观念作为不由于五路的知觉，及宇即空间观念，没有说明的话，这恐怕是现存的《墨经》有脱佚的缘故；在原本中，定然说明过宇也是不由于五路的特别的知觉。于是《墨经》证明了时间与空间的观念，即令不通过感觉器官，也能作为人类的知觉而存在的。

一切的经验，离开了时空的观念是不能成立的，两种东西在同一的空间而异其时间被经验了的时候，这叫作变化；如所谓"卵有毛""狗非犬"，便是蔑视这变化的概念的诡辩。由当同一东西，由于异其时间而变换空间被经验的时候，这叫作运动；如所谓"有影不移""飞鸟之景未尝动也"，便是蔑视运动的概念的诡辩。在同一时间、同一空间被经验的时候，便把它看作相同，因此，所谓"白马非马""坚石非石"便是蔑视时间与空间的观念的诡辩。因此，《墨经》中说：

> 不坚白，说在（无久与宇）。（《经下》）
>
> 于石一也，坚白二也，而在石。（《经说下》）

《墨经》如此地整理公孙龙等的诡辩，所以，其成立，定在他们之后。因为墨家的末派，由于论辩的必要，渐渐地注意到名辞的考察，脱了线的是惠施、公孙龙的诡辩，这种诡辩，在《墨经》中已经大体地被整理过了；再后来，到了荀子的《正名》篇，最简明地组织了论理学。

第九章
荀子及其门下

第一节　荀子

四君期最后的学者，是荀子。荀子，名况，赵人，齐王建（公元前264—前221年）初年，年五十，游齐。这个时候，稷下的学者都已在楚顷襄王的时候（公元前283—前263年）死去了，荀子袭列大夫之后，三为祭酒，尊为齐国的老师，后来因为谗言，去齐赴楚，投春申君，春申君以为兰陵令。到春申君被杀（公元前238年），荀子也被废了，便居住兰陵，过他的晚年。关于他的著述，《史记》说：

> 荀卿嫉浊世之政，亡国乱君相属，不遂大道而营于巫祝，信禨祥，鄙儒小拘，如庄周等又滑稽乱俗，于是推儒、墨、道德之行事兴坏，序列著数万言而卒。

其中所说的"营于巫祝，信襪祥，鄙儒小拘"，恐怕是说邹衍的五行说流行之后，齐国的思想界成了很迷信的了。依据这一段话，可以知道，当时的社会，迷信很盛，加之如庄周的天马行空似的议论很流行，缺乏实质，所以荀子很叹息，品评儒、墨、道德等一切学说，而自立一家。他评论他以前的诸子说：

> 墨子蔽于用而不知文，宋子蔽于欲而不知得（德），慎子蔽于法而不知贤……惠子蔽于辞而不知实，庄子蔽于天而不知人。故由用谓之道，尽利矣；由欲谓之道，尽嗛矣；由法谓之道，尽数矣……由辞谓之道，尽论矣；由天谓之道，尽因矣。（《解蔽》）

于是荀子在《天论》篇中，述说天道与人道的区别，排斥庄子：

> 天行有常，不为尧存，不为桀亡。应之以治则吉，应之以乱则凶。强本而节用，则天不能贫，养备而动时，则天不能病；修道而不忒，则天不能祸。……故明于天人之分，则可谓至人矣。

这是荀子峻别天道与人道的话，这与庄子说的人道在于因循天道的思想，是正相反对的主张。

荀子又作《正名》篇，论列名实的关系。一切的定名，是因为由名以示实，辩同异，明贵贱，并非为了诡辩。那么，异同由什么来分别呢？这是由于天官之当薄❶及心之征知的。所谓天官，便是耳、目、口、鼻、形体这五官，由于这五官知觉到声、色、味、臭等，这叫作天官之当薄。天官如此地行了当薄，其次，由心征知它。由于这天官的当薄及心的征知，认识异同；异同的概念，由名来表现它。名，有单名及兼名。当表示一个概念的时候，用单名；当两个概念在同时同地被征知的时候，用兼名。单名如马，兼名如白马。又，名有共名与别名，例如，人，对于动物，是别名；动物，对于人，是共名。别名的极端，是各各的名；共名的极端，是物，这叫作大共名。又，物同状而异地，这虽给予共名，实是各别的，例如，同叫作犬，甲犬与乙犬是各别的，反之，在同地被经验到的，状虽不同，物却同的，这个时候，状的不同，是由于化，例如蝶与蛾。以上，是荀子在《正名》篇中所说的要点。荀子，由于这种见解，批判惠施一派的诡辩。

荀子更在《正论》篇中，批判及排斥墨子的功利主义及宋钘的寡欲说；在《儒效》篇中，赞扬周公、孔子之道。他品评他以前的诸子，而以儒自任。但是，他的儒与子思、孟轲的儒不同，所以，在《非十二子》篇中说：

> 略法先王而不知其统，然而犹材剧（多）志大，闻见杂博。案往旧造说，谓之五行……案饰其辞而祗敬之曰：此真先君子之

---

❶ 薄：接触。——编者注

言也。……世俗之沟犹瞀儒，嚾嚾然不知其所非也，遂受而传之，以为仲尼、子游为兹厚于后世。是则子思、孟轲之罪也。

如此地排斥子思、孟子。又说：

> 若夫总方略，齐言行，壹统类，而群天下之英杰，而告之以大古，教之以至顺，奥窔之间，簟席之上，敛然圣王之文章具焉，佛然平世之俗起焉……仲尼、子弓是也。（《非十二子》）

如此地激赏仲尼、子弓。由上列的话来看，可以知道，荀子的学说，与子思、孟子的系统是不同的；崇奉仲尼、子弓。那么，所谓子弓，到底是怎样的人？历来的学者，关于这一点，有过种种的说明，但我以为都不正确。我以为，这与上列的"仲尼、子游为兹厚于后世"的话对照着来看，这个子弓，可以想象是子游之误吧。因为子游在汉《石经论语》中作"子斿"，所以，"弓"字是"斿"字失去了右旁而致误的吧。子游是孔子的门人，与曾子相对立，是特长于礼学的学者，所以，荀子赞扬子游的礼学，而反抗继曾子派之后的思、孟的吧。

孔子为了行仁道，说在主观上由于忠恕，在客观上，践行礼，孔子的门人，分为两派：曾子派注意到主观的方面，注重忠恕；子游派，重视客观的方面，注重礼。荀子是左祖子游派，反抗曾子派的子思、孟子的，所以，荀子的学说，用一句话来讲，可以说是礼至上主义。所以，他说："将原先王，本仁义，则礼正其经纬蹊径也。"又说："《礼》者，法之大分，类之纲纪也。"（《劝学》篇）又说："礼者，所以正身也……无礼何以正身？"（《修身》篇）他是尊重礼的。

那么，他的所谓礼，是怎样的东西？他在《礼论》篇的开头，下面那样说：

> 人生而有欲，欲而不得，则不能无求；求而无度量分界，则不能不争；争则乱，乱则穷。先王恶其乱也，故制礼义以分之，以养人之欲，给人之求，使欲必不穷于物，物必不屈于欲，两者相持而长，是礼之所起也。

依据这一段，礼是先王为了克制"人之欲"，适当地分配那供给而制定了的规则。但所谓克制人之欲，不单压抑它，也要养育它；就是，礼的目的：在个人方面，养育己之欲；在社会方面，要明贵贱上下，随应其分限，使得称（适当的度令），以维持秩序。荀子如此地述说礼的"称"，这与成于子游后学之手的《礼运》等篇很类似。

荀子述说的礼的称，是继承子游派的主张的，这已在前面说过了。子游的后学，与礼的称相并，还述说礼的顺、礼的体，把礼当作本诸人情而制定的法则，承认人类有着道德性。荀子却百尺竿头更进一步，断定人类的本性是欲，欲是争夺残贼的发生的源头，所以人类的性是恶的，因为人类的性是恶的，先王为克制它而定了礼。他说：

> 今人之性，生而有好利焉，顺是，故争夺生而辞让亡焉；生而有恶疾焉，顺是，故残贼生而忠信亡焉；生而有耳目之欲，有好声色焉，顺是，故淫乱生而礼义文理亡焉。然则从人之性，顺人之情，必出于争夺，合于犯分乱理而归于暴。故必将有师法之化，礼义之道，然后出于辞让，合于文理，而归于治。用此观之，人之性恶明矣，其善者伪也。……古者圣王以人之性恶……是以为之起礼义、制法度，以矫饰人之情性而正之，以扰化人之情性而导之也。（《性恶》篇）

荀子如此地继承子游后学的主张，更进一步，立性恶说，反对继承曾子派的学说的孟子的性善说。

他非难孟子的性善说，说：

> 孟子曰："人之学者，其性善。"曰：是不然。是不及知人之性，而不察乎人之性、伪之分者也。凡性者，天之就也，不可学，不可事……不可学、不可事而在人者谓之性，可学而能、可事而成之在人者谓之伪。（《性恶》篇）

又说：

> 饥而欲饱……此人之情性也。今人饥，见长而不敢先食者……其善者伪也。（《性恶》篇）

由于这些话，很可以知道，荀子的反对孟子。

但把荀子的话和孟子的话来对照，他们两个人关于性、欲及善恶的概念不同，所以他们的争论结果，只有各自扬镳的。据孟子，性是天所赋予的心的作用，是知、虑的作用的意思，欲是外物的刺激感触到五官而生的盲目的作用的意思；但据荀子，欲是性的主要部分，这是与人俱生的自然的心的作用，加以知、虑的心的作用，是人类反省的结果，是人为的。所以荀子与孟子，性的概念全然不同。其次，孟子对于人性善恶标准的划分比较主观，认为"可欲之谓善"。但荀子站在客观角度，认为善是正理平治，恶是偏险悖乱。这也显示了荀子与孟子在善恶观念上的不同。正因荀子、孟子在性的观念和善恶观念上的不同，两人意见不一也是理所当然。

孟子认为人的道德是上天赋予的，与之相对，荀子将天道和人道做了区别，前者是人力不可违抗的自然规律，而后者可以通过人的努力抑制天性的欲望。也就是说，道德本身不是天性的，矫正天性的人为举动是虚伪的。

如果人的道德不是以性为基础而是以伪为基础的话，人们为了达成伪所应做的就是学。荀子的开卷第一篇《劝学》篇中就提到："故木受绳则直，金就砺则利。君子博学而日参省乎己，则知明而行无过矣。"又说:"学不可以已。"那么这里荀子所说的"学"是指什么呢?"学恶乎始? 恶乎终? 曰: 其数则始乎诵经,终乎读《礼》。"又说:"《礼》之敬文也,《乐》之中和也,《诗》《书》之博也,《春秋》之微也,在天地之间者毕矣。"可见学问的对象,是《礼》《乐》《诗》《书》《春秋》这五经。但是他又说,"《礼》《乐》法而不说,《诗》《书》故而不切,《春秋》约而不速",应以通达此道之君子为师。(《劝学》篇)说应该重师法。又说:"人无师法,则隆性矣;有师法,则隆积矣;而师法者,所得乎情,非所受乎性……行忍情性,然后能修。"(《儒效》篇)这是说从师以学《五经》——尤其是《礼》,以抑情欲,则道德可修。

如上所述,《论语》中讲述的儒家的经典,只《诗》与《书》,到《孟子》,加上了《春秋》,成了三种,《荀子》再加以《礼》与《乐》,成了《礼》《乐》《诗》《书》《春秋》五种。《五经》的完备,及力说学《五经》应重师法,这是到了汉代,经学兴盛,尊重师法的滥觞的主要原因。在现存的《荀子》中,也稍有称引《易》的地方,这恐怕是后学所附益的部分,荀卿似乎还没有把《易》著作经书。《易》成为儒家之经典,怕在秦汉之际吧。

第二节　浮丘伯

据刘向的《荀子叙录》，说在荀子晚年生活过的兰陵，留着他的遗化，学者辈出。这些后学都是喜欢把"卿"字当作字，以表示敬慕之情，又亲炙荀子的有名的人，其中有浮丘伯、韩非及李斯三个人。

浮丘伯的事迹，虽不明了，但《汉书·儒林传》中说：

> 申公，鲁人也。少时与楚元王交俱事齐人浮丘伯受《诗》。汉兴，高祖过鲁，申公以弟子从师入见于鲁南宫。

《汉书·楚元王传》中也说：

> 楚元王交字游，高祖同父少弟也。好书，多材艺。少时尝与鲁穆生、白生、申公俱受《诗》于浮丘伯。伯者，孙卿门人也。及秦焚书，各别去。……元王既至楚，以穆生、白生、申公为中大夫。高后时，浮丘伯在长安，元王遣子郢客与申公俱卒业。

所以，可以知道，浮丘伯，齐人，初学于荀子，后居鲁，晚年居于长安，是一个爱好学问的人。《盐铁论·毁学》篇中说：

> 昔李斯与包丘子俱事荀卿……而包丘子不免瓮牖蒿庐。

陆贾《新语·资执》篇中说：

> 鲍丘之德行，非不高于李斯、赵高也，然伏隐于蒿庐之下，而不录于世，利口之臣害之也。

包丘或鲍丘，与浮丘都同音相通，是同一个人，所以浮丘伯是荀子门下学德兼备的学者，到秦代压迫儒学，他便避名利，过着隐遁的生活，一方面守着节，私自传经典之学。他的门人申公，以《诗》著名，再传弟子瑕丘的江公，从申公学《诗》与《春秋》，江公的弟子韦贤从江公学《礼》；申公的弟子孔安国是以《尚书》之学显著的人。所以，浮丘伯怕也是继承荀子的学问，兼通《礼》《乐》《诗》《书》《春秋》这五经的人吧。只是，因为在很长的时期中，过着隐遁的生活，没有遗留赫赫的事迹；但是，从他的门下，出了许多学者，其大有助于汉代经学的兴盛这一点，是不能忘却的功绩。

第三节　韩非

韩非是韩国的诸公子，深叹韩国的行将衰落，奉书谏韩王，不见用，便到楚国去，学于荀卿，后返韩，为韩王使于秦，为始皇所杀❶。他的被杀害，是始皇十四年（公元前233年），其生年，不详。

据《史记》，韩非生来口吃，好著书，著《孤愤》《五蠹》《内外储说》《说林》《说难》等十余万言，现存《韩非》二十卷，五十五篇。这五十五篇中最初的《初见秦》及《存韩》这两篇，据《战国策》，是张仪的文章，不是韩非的作品，因此，此外或者也有别人的作品混杂着也未可知，但是，大体上，都是与韩非有关系的文献吧。

五十五篇中除了上述的两篇之外，通观其余的五十三篇，《大体》篇以上的二十七篇及《内外储说》以下的二十六篇，稍稍异趣。就是，前二十七篇，倡道术，道家思想的影响很多，其中有《解老》《喻老》那种解释老子的文章，也有《主道》《扬权》那种酷似《管子》的《心术》《内业》的文章，如《有度》篇，与《管子》的《明法》篇大同小异。因此，包括这些文章的二十七篇，我以为稷下的法家慎到的影响很多。后面的二十六篇，力说法术，我感到有如本诸荀子的性恶说而折衷申商学的。所以，韩非的特征，在于后面这个部分。

荀子把人性看作欲，为了克制欲，因说礼是必要的，这已在

❶ 据《辞海》，韩非受秦王政的重视，受邀出使秦国，后因李斯、姚贾谗言加害，自杀于狱中。另，秦统一天下后才确定皇帝位最高统治者称号。——编者注

前面叙述过了。韩非也以为人情彻头彻尾是利己的，所以，如其把它自然地放任，必至于乱，为了要治它，法术是必要的。所谓法术，是折衷了申不害的术与商鞅的法的，他品评申、商二子说：

> 申不害言术，而公孙鞅为法。术者，因任而授官，循名而责实，操杀生之柄，课群臣之能者也，此人主之所执也。法者，宪令著于官府，刑罚必于民心，赏存乎慎法，而罚加乎奸令者也，此臣之所师也。君无术则弊于上，臣无法则乱于下，此不可一无，皆帝王之具也。(《定法》)

由于这一段话，可以知道，韩非的法术，是折衷了申、商的。因为术是人主驾驭臣下的权柄，法是治民的宪令；术是秘藏于人主的心中的，不是向别人显示的，法是明赏罚的，是不能不向人民显示的。但是，法是随着时令的推移而变化的，不是固定的，所以他说："夫古今异俗，新故异备，如欲以宽缓之政治急世之民，犹无辔策而御悍马。"(《五蠹》)排斥儒者的所谓先王之法，应立新圣之法。为要定新圣之法，便不能拘于先王的旧典，所以他说："明主之国，无书简之文，以法为教；无先王之语，以吏为师。"(《五蠹》)排斥先王与旧典。韩非的理想，由他的同门李斯实行了。

第四节　李斯

李斯，楚上蔡人，年少时曾作郡之小吏，后发奋，与韩非同游于荀卿之门，学帝王之术，学成后，入秦，成吕不韦的舍人，后为秦之客卿，为廷尉，及始皇统一天下，为丞相。始皇的政事，大多是他所画策的。他的计划，似由同门韩非所启发的很多。据《史记》，齐人淳于越，反对郡邑制度，建言保留历来的封建的制度，李斯反驳他说：

> 五帝不相复，三代不相袭，各以治，非其相反，时变异也。……异时诸侯并争，厚招游学。今天下已定，法令出一，百姓当家则力农工，士则学习法令辟禁。今诸生不师今而学古，以非当世，惑乱黔首。……如此弗禁，则主势降乎上，党与成乎下。禁之便。臣请史官非秦记皆烧之。非博士官所职，天下敢有藏《诗》《书》、百家语者，悉诣守、尉杂烧之。有敢偶语《诗》《书》者弃市。以古非今者族。……若欲有学法令，以吏为师。

这是与上述韩非的说头，同一辙的。李斯的这奏言被裁可，即行"焚书坑儒"的惨剧，一切文献都烧却，思想的自由被束缚了。

总之，荀子把人性看作欲，主张借学问以治礼，由礼以制欲。这个学问，继承儒家的传统，以经典的攻究为主眼；他把人性解释作欲，是承袭了老庄派——尤其是杨朱的思想的，从儒家方面来讲，定是异端思潮。继承儒家的传统的《五经》之学，由浮丘伯继承了，成了汉代经学隆昌的先河；但他把人性看作欲而尊重礼的结果，礼全然成为人为的客观的法则，与法无所择了。于是韩非从荀子的门下出来，用法来代替了荀子的礼，倡法至上主义；韩非的主张，由李斯来实行了，终至于压迫了思想，破坏了文化。

第十章
秦代的思想界

第一节　吕氏春秋

公元前246年，李斯离开了荀卿的门下，到西方的秦国，做吕不韦的舍人。吕不韦从阳翟的商人起身，在秦庄襄王与始皇帝的两代为相，被封为文信侯，广招天下之士，集于其门下。招集天下游士的风习，齐威王、宣王开其端，当时齐国的稷下，成了文化的中心；后来齐国衰落，稷下学士分散，集到齐孟尝君、魏信陵君、赵平原君、楚春申君的四君那边；到四君凋落，吕不韦的门下兴盛，据说其食客有三千之多。于是吕不韦命这些学士，各论著其所闻，编辑为八览、六论、十二纪，总称为《吕氏春秋》。据十二纪的末了的《序意》篇，十二纪的完成是始皇八年，其他的部分似稍后纂成的。

十二纪，从《孟春纪》到《季冬纪》，大别为十二纪，各纪中收集五篇文章，各纪最初的一篇，都是记述那个季节的行事的，与《礼记》的《月令》大同小异，其下列着的各四篇的文章，是关于政治道德的记事及论说。最后的《序意》篇中说：

> 维秦八年……甲子朔……良人请问十二纪。文信侯曰……盖闻古之清世，是法天地。凡十二纪者，所以纪治乱存亡也，所以知寿夭凶吉也。上揆之天，下验之地，中审之人。

依据这一段话来考察，编纂这些文章的主意，在于表示政治道德的基础是依从天时的。《孟春纪下》的《本生》篇中说："始生之者，天地，养成之者，人也……立官者，以全生也。"这是说，政治的目的，在于助天地生成之德。又《仲春纪》说，为贵生，当使耳、目、口、鼻四官从心之命，当先节情欲，染适当师教。其次，在《季春纪》中说，人类应该先修己，然后论人。又《孟夏纪》，设《劝学尊师》篇，说忠孝之道。在《仲夏》《季夏》这两纪中，论音乐；在秋的三纪中，论兵；在《孟冬纪》中，论葬。从大体的结构及主意上来看，可以说是以儒家为经，折衷诸家而成一家的。把天地之道看作在于生成，揆之验之以说人道，这在儒家之中，比诸近于荀子，实更近于子思、孟子的系统。

其次，八览，立《有始览》《孝行览》等八大纲，在各览之下，各收八篇，又六十四篇而成，其内容很驳杂。《审分览·不二》篇中，说：

> 老聃贵柔，孔子贵仁，墨翟贵廉（兼），关尹贵清（静），子列子贵虚，陈骈贵齐，杨生（杨朱）贵己，孙膑贵势，王廖贵先，儿良贵后。……夫能齐万不同，愚智工拙皆尽力竭能，如出乎一穴者，其唯圣人矣乎！

依据这段话，他评骘诸子，归重到圣人，可以知道，八览的主意，也倾向儒家的。在《孝行览》中，力说治天下国家之本在于孝行，下面引了曾子的话及《孝经》，这暗示了其主意在什么地方。总之，八览也可以说是本诸儒家——尤其是曾子、子思派的主张，折衷了诸子的。

再次，六论大别为《开者》《慎行》《贵直》《不苟》《似顺》《士容》六论，各论之下收集六篇文章，由三十六篇而成。其思想内容，与上述的十二纪、八览，没有多大的差别。

总之，《吕氏春秋》全部，是折衷诸家而成一家的，其中虽则也采取道家、墨家及法家，但是没有非难儒家蔑视圣贤的极端的话，大体上，是以儒家——尤其是曾子、子思派的思潮为根干的。其中，到处引用《诗》《书》与《易》，作为立论的根据。所以，我们可以由于这部书，想象下列的两点：

（一）在秦初的思想界，有种种的思潮杂流着，其中保持最有势的地位的还是儒家思潮；儒家被排斥，是李斯的政策为始皇采用了之后的事。

（二）到吕不韦的时候以前，不知在什么时候，《易》被当作儒家的经典了，这是在《孟子》及《荀子》中都看不到的现象，恐怕是由孟、荀以外的别的学派起来的。

这里，我们试另换一节，一述《易》。

第二节　《易》之儒教化

《易》，本来是卜筮之书，似不是儒家的经典。据传说，孔子晚年爱读《易》，作《彖传》上下、《象传》上下、《系辞传》上下，《文言》《序卦》《说卦》《杂卦》的《十翼》，把它传给商瞿子木，由子木经桥庇子庸、矸臂子弓、周丑子家、孙处子乘，到汉初的《易》学者田何。

但《十翼》不是孔子之作，宋代欧阳修已论述过了，孔子不消说，孔门诸弟子关于《易》也不曾讲过什么话，再后至于孟子也不曾讲到《易》，荀子的书中只有两个地方引用《易》，这也是后人所附加的部分，所以，《易》，自孔子到孟、荀，不曾被看作儒家的经典。在现存的儒家的文献中，称引《易》的，最早恐怕是认为《子思子》的残卷的《礼记》中的《表记》《坊记》《缁衣》吧。

我们在第三章第二节中叙述过，现存的《礼记》中的《中庸》《表记》《坊记》《缁衣》四篇，是《子思子》二十三篇的残卷。熟读这四篇，我感到其中糅合着时代不同的文章。

其中最早的部分，（一）是《中庸》的前半部（详细地讲，据朱子的《中庸章句》本，除外第十六章，从第二章到第十九章的十七章），这些部分，文章也简洁，似《论语》，内容也古朴，恐是子思的手笔，至少是子思的门人弟子编纂而成的吧。

（二）是《表记》《坊记》《缁衣》这三篇，与《中庸》的前半部相比较，文章较新，其中有着似敷陈《论语》的文章的章节，又说王霸的地方似受了孟子的影响，常常看到赏罚的话似受了法家的影响，《诗》《书》以外称引到《易》，甚至于有评论《春秋》及《礼》的地方，这最早不能追溯到《荀子》以前。原本孟子是学于子思的门人的人，子思与孟子应是同学派的人，但在《韩非子》的《显学》篇中，区别着子思之儒与孟氏之儒，这与在这三篇中称引那孟子绝不言及的《易》一起来看，这几篇恐怕是由距韩非的时代不远的时候标榜子思之儒的学者所凑成的吧。

（三）是《中庸》的后半部，详细地讲，是指《朱子章句》本的第一章及第二十章以下的，这些部分，文章也长，内容在哲学方面也进步，感到是很新的。据《汉书·艺文志》，在《礼类》中，载着《中庸说》二篇，所谓《中庸说》想是说明子思的《中庸》的书，现存的《中庸》后半部，恐怕便是这《中庸说》附加在《中庸》的本文之后的吧。详细地研究《中庸》后半部的文章，其中有：

子曰："愚而好自用，贱而好自专，生乎今之世，反古之道。如此者，灾及其身者也。"非天子，不议礼，不制度，不考文。

的一节，这与李斯的奏议中说的"今诸生不师今而学古，以非当世，惑乱黔首……如此弗禁，则主势降乎上，党与成乎下……臣请……以古非今者族"，是同一的表现，总感到这是秦始皇时代的文章。其下又说：

> 今天下车同轨，书同文，行同伦。

据许慎的《说文·序》："分为七国，田畴异亩，车涂异轨……言语异声，文字异形。秦始皇帝初兼天下，丞相李斯乃奏同之。"似乎在始皇的统一以前，各国异其车轨、文字，"今天下车同轨"云云的一节，似是始皇时代的口吻。《中庸》后半部的末了，有：

> 声名洋溢乎中国，施及蛮貊。舟车所至，人力所通，天之所覆，地之所载，日月所照，霜露所队，凡有血气者，莫不尊亲。

的一节，这似是敷陈始皇统一天下之后，巡狩四守所建立的颂德碑之一的琅琊台的碑中说的"日月所照，舟舆所载，皆终其命，莫不得意"的话的。综合上列的话来看，说《中庸》的后半部是秦始皇统一天下之后的文章，当可首肯吧。

分析《子思子》二十三篇的残卷，即《中庸》《表记》《坊记》《缁衣》这四篇，其中，第一，《中庸》的前半部，是近于子思的文章。第二，《表记》《坊记》及《缁衣》这三篇，恐是成于战国末秦初的子思学派的人之手的。第三，《中庸》的后半部，是入秦以后的子思学派的人解说《中庸》的文章。由于这个分析，可以看到子思学派是如何地变迁的。《表记》《坊记》《缁表》中的称引《易》，及《中庸》后半部中说的"国家将兴，必有祯祥；国家将亡，必有妖孽；见乎蓍龟"的话，这也是尊重《易》的证据。所以，《易》被当作儒家的经典，是由子思学派的人开始的，恐怕始于战国末，到吕不韦的时代已很流行；其次，当始皇时，因李斯的上奏烧却《诗》《书》的时候，只有《易》用了卜筮之书的名目免了灾厄，所以，终于由于《易》来鼓吹儒家的精神的吧。被称为孔子之作的《易》的《十翼》，想来也是这个时候写成的。

在《易》的《十翼》中，最早的部分是《彖传》与《象传》，这些部分，以"中"为标准，说明处世道德。这与《中庸》前半部说的"执其两端，用其中""中立而不倚"的话，是同一的思潮，所以，《彖传》《象传》恐怕是由子思学派之间产生的。又，在《十翼》中，显示了最发达的思想的，是《系辞传》与《文言传》，这些部分中所说的内容，酷似《中庸》的后半部。清代的儒者魏源，比较《中庸》与《易》，写《庸易通义》，可以说，很看到了其类同点。日本东条一堂，在《系辞问答》中，讲到《系辞传》成立的年代，其中绝不征引《诗》《书》，专由《易》立论，这恐正是表示这是排斥《诗》《书》的秦代的述作，这也是开启千古的秘密的卓见，从这一点上来看，也可以把《系辞传》看作与《中庸》后半部同时代的述作。因此，《系辞传》与《文言传》是与《中庸》后半部同时代同学派的述作，都可以看作研究始皇时代的儒家思想的资料。所以，由于这些资料，可以一瞥始皇时代的思想。

在《中庸》后半部中，举君臣、父子、夫妇、昆弟、朋友之道作为道的代表，称之为五达道；举智、仁、勇的三达德，作为所以践行这五达道的德；再概括起来，归诸一个"诚"字。所谓五达道，是继承孟子的五伦的，三达德，是继承孔子的并举知、仁，再加以一个"勇"字的，把这三达德归诸一个"诚"字，这是《中庸》后半部的特征。原本，"诚"字，在《孟子》中也已看到过，与《论语》的"忠"字同意义的，这在前面已经叙述过了；《中庸》后半部的作者，不单把诚当作人道的践行的基础，更进一步，解作宇宙原理。

> 诚者，天之道也；诚之者，人之道也。……诚者物之终始，不诚无物。……诚者非自成己而已也，所以成物也。成己，仁也；成物，知也。性之德也。

这一节，明明是把诚看作通贯宇宙间一切的原理的，可以说是比历来的儒家更进一步的。诚是通贯宇宙的原理，所以，由于"诚之"，"可以赞天地之化育"，又当"祸福将至"的时候，"必先知之"。由于诚而先知祸福，这是《易》即卜筮的根本信念。所以，《文言》中说：

> 庸言之信，庸行之谨，闲邪存其诚。
>
> 君子进德修业。忠信，所以进德也；修辞立其诚，所以居业也。

《系辞传》中说：

> 夫《易》，圣人所以崇德而广业也。知崇礼卑。崇效天，卑法地。天地设位而《易》行乎其中矣。成性存存，道义之门。
>
> 一阴一阳之谓道，继之者善也，成之者性也。仁者见之谓之仁，知者见之谓之知。

这些话，都是在说明，《易》与《中庸》后半部的思想是相同的。《系辞传》中又说："生生之谓易。""易无思也，无为也，寂然不动，感而遂通天下之故。"所谓"无思也，无为也……感而遂通天下之故"是《中庸》的"诚者，不勉而中，不思而得，从容中道"吧。所谓"生生"是《中庸》的"天地之化育"吧。所以，《易传》与《中庸》后半部，都把生生、化育看作宇宙之道，由于无思、无为，只存诚，把参赞生生化育信为人之道的吧。用一句话来批评，《易》与《中庸》后半部，是可以叫作"生"的哲学的，把宇宙全体看作活物，悟得生生作用是知，随顺着参赞生生作用是仁。所以，《系辞传》中也说："天地之大德曰生。"

　　总之，当由于子思的后学，把《易》当作儒家的经典的时候，正碰到始皇的焚书，已经失去了用《诗》《书》来申述主张这一条路的儒家，努力于借幸免烧却的《易》，来发扬其精神。其结果，提出了从未阐明过的"生"的哲学，在儒家的思想体系上开拓了一个新生面。同时，在历来没有明了的体系的五经的学问中，再增加一种《易经》，酿成了建立那通贯六经的思想体系的机运，成了后来产生的经学时代的准备：这一点，是很值得注意的。

古代期（下）　经学时代

第十一章
前汉的经学

第一节　易学

秦始皇焚书坑儒，儒家的经典被烧弃，学者逃匿，于是儒学的传统完全沉没在黑暗中了；只有《易》，因为被看作卜筮之书，结果，逃避了灾厄，其传统能够不绝。因此，汉兴，最早显现的，是《易》的学者。试依据《史记》及《汉书·儒林传》，表示易学的传授如次：

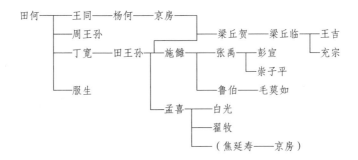

上表是极其简略的；但是由于这个表，《易》的传授，可以很明白地知道。

在《汉书·艺文志》中，除《王氏易传》二篇、《杨氏易传》二篇、《周氏易传》二篇、《丁氏易传》八篇、《服氏易传》二篇之外，还有不见于上列传授表中的《蔡公易传》二篇、《韩氏易传》二篇等，这可以想象，在汉初，易学是如何地兴盛。这些易家，都重师法，不妄加自己的意见；只孟喜的《易》与京房的《易》，很有特色。

孟喜，东海兰陵人，其父孟卿是《礼》与《春秋》的学者，喜曾从田王孙学《易》，后来得阴阳灾变之书，把它附会到其师田生身上，诈称其师田生死时，枕着喜之膝而传授的。同门的梁丘贺，反驳孟喜的宣传，说田生是由施雠看护着而死去的，当时孟喜已归东海，不曾有这样的事情。后来，《易》的博士有缺额，有推荐孟喜的人，但是，当时的天子，因为孟喜改易师法，没有采用这个建议。

京房是焦延寿的弟子；延寿，据说曾从孟喜学《易》，但同门的翟牧及白生，却不承认。后来，刘向校订秘中之书的时候，将各家的易说，加以比较研究，都以田何、杨何、丁宽为祖，大义相同，惟独京房易是异党，说述灾异，这恐怕是焦延寿得了隐士之易而托诸孟喜，由京房传承了的吧。

据上述的话来看，由孟喜与京房，才产生了异说；在他们以前，都是传述同一的思想的，《易》的传统，很是明确。

第二节　鲁学派

易学的传统是如此地彰著，但其他的经典都还埋藏在阴暗中，因此，不能看到一般儒学的兴隆。到秦亡汉兴，陆贾以《诗》《书》说高祖，高祖说："乃公居马上而得之，安事《诗》《书》！"陆贾对答说，天下即令于马上取之，但不能于马上治之，因著《新语》十二篇。这，可以说为迄今被秦之虐政所压抑的儒家吐万丈之气。但当时还是在戎马倥偬的时候，没有兴盛儒家的余裕；到了孝惠吕后的时代，朝廷上的重臣尽是以武立功的人；到文帝的时代，天下大定，文艺复兴的气运已经成熟了，鲁人申培，燕人韩婴，以《诗》任博士，这才显现了儒学勃兴的曙光。

申培，鲁人，一般称为申公，曾从齐人浮丘伯学《诗》。当汉高祖赴鲁的时候，申培与其师浮丘伯见高祖于鲁之南宫；后来，与其师赴长安，与楚元王交及其子郢客相交，后郢客封夷王，郢客遣其子戊受学于申公，但戊不好学，且侮辱申公，因此，申公耻于为师，便归鲁，专从事于教育门弟子，弟子越千余人，其中有兰陵的王臧、代的赵绪、临淮太守孔安国等后来成了著名的人物的人。申公之师浮丘伯，据说曾与李斯学于荀卿，所以，可以知道，申公一派的学问，是渊源于荀子的。试据《史记》及《汉书·儒林传》，立表显示其学派如后：

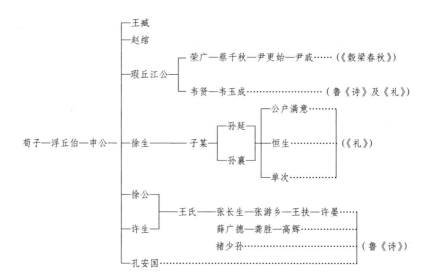

　　上表，只是列举其著名的人物，并非申公门下的全体。又，徐公上面的徐生，与徐公是否同一人，不甚明了，从其年代上来推算，怕是同一人，所以在这里附记一下，说明并不确凿。

　　表的下面，写在括弧里面的字，是说明上列的学者所专门的经学。由这些说明来看，申公是以鲁《诗》的学者著名的，但是，实在，他是兼治《礼》及《穀梁春秋》的人，是承受了荀子的学问的。荀子的学问，如前所述，是以《礼》为中心的，但是，他的著作，到处引证《诗》作立论的根据；申公的诗说，恐怕是出诸荀子的吧。与申公同时任博士的学者中，有韩婴，别立称为《韩诗》的一派，现在残存的《韩诗外传》，引荀子的诗说的达四十四条之多，所以，《韩诗》也与申公一样，是嗣续荀子的诗

说的别派吧。其次,《穀梁春秋》,是鲁人穀梁淑(又叫穀梁赤;
"赤"字,恐怕是"淑"字毁坏了而讹成的吧)所传的学问;荀
子的《春秋》说,与穀梁义是一致的,所以,传述申公的弟子瑕
丘江公的说法的穀梁家,也定然渊源于荀子的。其次,礼学的系
统最不明了。孝文时,鲁的徐生以能礼容,任礼官大夫,瑕丘的
萧奋,以礼任淮阳太守,礼家都本于徐氏。徐生,与申公的弟子
徐公相似,萧奋与江公为同里人,由这两点上来看,他们也是申
公系统的人吧。萧奋的门人中有孟卿,孟卿的门人中有后苍,后
苍之下出了戴德、戴圣;孟卿是兰陵人,且取"卿"字,所以,
似是私淑荀子的;又,孟卿的再传弟子戴德的《大戴礼记》中的
《劝学》《礼三本》及《哀公问五义》三篇及戴圣的《礼记》中的
《三年问》《乡饮酒义》,是与荀子一致的,由这两点上来看,可
以想象,礼学的渊源,也由于荀子。总之,从孝文的时候起著名
了的经学,大多是渊源于荀子,而由鲁人继承的。所以,这叫作
鲁学派。

从孝文的时候起,儒学开始兴盛,但是,当时还是儒家的草
昧时代,讲申商之学的、奉黄老之说的很多,儒家的势力并不大。
如当时作为儒者而有名的贾谊,其遗文中,也很混杂了些道家的
说法。皇后窦氏,是特别热心的黄老信奉者,通过其后的景帝一
代,都很有势力,因此,儒教不能充分地伸其骥足。到武帝即位,
名儒董仲舒出,终于压倒诸子百家,认儒教为国家的正教。

第三节　齐学派

武帝当即位之初（公元前140年），举贤良文学之士数百人，其中有着董仲舒。董仲舒是广川（今河北枣强县）人，早年治《公羊春秋》之学，景帝时，任博士，为学者所尊敬，这个时候，对武帝的策问，作有名的《贤良对策》。《对策》的全文很长，其要旨，尽于下列的一节中。

> 天令之谓命，命非圣人不行；质朴之谓性，性非教化不成；人欲之谓情，情非度制不节。是故王者上谨于承天意，以顺命也；下务明教化民，以成性也；正法度之宜，别上下之序，以防欲也；修此三者，而大本举矣。（《汉书》本传）

由这一段话来看，董仲舒对答武帝的策问：第一，顺天令施政；第二，明教化以导民性；第三，制法度以节民欲。他对于第一项，大意说：

> 臣谨案《春秋》之中，视前世已行之事，以观天人相与之际，甚可畏也。国家将有失道之败，而天乃先出灾害以谴告之，不知自省，又出怪异以警惧之，尚不知变，而伤败乃至。以此见天心之仁爱人君而欲止其乱也。

由此，可以明白，董仲舒相信，王者的政治协天意与否，是可以由灾异知道的，天与人是有密切的关系的。

关于第二项，大意说：

臣谨案《春秋》谓一元之意，一者万物之所从始也，元者辞之所谓大也。谓一为元者，视大始而欲正本也。《春秋》深探其本，而反自贵者始。故为人君者，正心以正朝廷，正朝廷以正百官，正百官以正万民，正万民以正四方，四方正，远近莫敢不一于正……今陛下贵为天子，富有四海……天地未应而美祥莫至者，何也？凡以教化不立而万民不正也。……古之王者明于此，是故南面而治天下，莫不以教化为大务。立大学以教国，设庠序以化于邑，渐民以仁，摩民以谊（义），节民以礼，故其刑罚甚轻而禁不犯者，教化行而习俗美也。……故养士之大者，莫大乎太学；太学者，贤士之所关也，教化之本原也。

由这一段话来看，董仲舒以为，为了化民性，非立大学不可。

第三，关于正法度，大意说：

《春秋》大一统，天地之常经，古今之通谊也。今师异道，人异论，百家殊方，指意不同，是以上亡以持一统；法制数变，下不知所守。臣愚以为诸不在六艺之科，孔子之术者，皆绝其道，勿使并进。邪辟之说灭息，然后统纪可一而法度可明，民知所从矣。

由于这一段话，可以知道，董仲舒以为，为了正法度，应黜异端之说，明儒家之道，奖励六艺之研究。

董仲舒的这些建议，武帝嘉纳了，以建元五年（公元前136年）置五经博士，到建元六年（公元前135年），黄老的崇奉者窦太后死，武安侯田蚡任丞相，黜黄、老、刑、名百家之言，招致文学的儒者数百人；由此，可以知道，董仲舒的意见，是全般地实行了。《汉书》的作者，赞美武帝说：

> 孝武初立，卓然罢黜百家，表章《六经》。遂畴咨海内，举其俊茂，与之立功，兴太学，修郊祀……号令文章，焕焉可述。

由于这句话，可以知道，当时设立了太学。这个时候，太学的课业是五经，五经博士掌之。太学教化的制度记于《礼记》的《学记》中，太学教化的目的记于《礼记》的《大学》篇中。

《学记》篇与《大学》篇，在《礼记》中，是各自独立的篇章；但清儒陈澧，比较两者的内容，指出有不能分离的关系。平心静气地把这两篇对照了来看，我以为，陈氏的话是很对的。《学记》篇的制作年代，不明，在学者间有许多说法，我以为，清代陆奎勋说的它是武帝时代的作品的话，是对的。关于《大学》篇，把它看作很早的作品的人，有孔氏的遗书、曾子的著作这些说法，我以为，清儒俞正燮认为它是汉代的作品的看法，是对的。因为《学记》篇是记述武帝时设立的太学的制度的，《大学》篇是记述其教育精神的。《学记》篇中说：

> 一年视离经辨志，三年视敬业乐群，五年视博习亲师，七年视论学取友，谓之小成。九年知类通达，强立而不反，谓之大成。夫然后足以化民易俗，近者说服而远者怀之，此大学之道也。

这是说明太学的课程。《大学》篇，论列太学教育的目的：

> 大学之道，在明明德，在亲民，在止于至善。

又详论顺序阶梯：

> 古之欲明明德于天下者，先治其国；欲治其国者，先齐其家；欲齐其家者，先修其身；欲修其身者，先正其心；欲正其心者，先诚其意；欲诚其意者，先致其知；致知在格物。

这以下，称引许多《诗》《书》上的话，说明上文的意义。后世的学者，称"明明德""亲民""止于至善"为大学的三纲领，称"平天下""治国""齐家""修身""正心""诚意""致知""格物"为其八项目；太学的精神，尽于这三纲领与八项目中。

由于这些话来看，太学教化的目的，在主观上来讲，在于明自己的明德，在客观上来讲，是使天下之民相亲，其实践，在于至于至善，达到这个目的，先要致知、正物，其次，非进展到诚意、正心乃至平天下不可。这八个项目中，开头的四个项目，是《孟子·离娄》篇中已经记述过的，"诚意"是《中庸》后半所力说的；在"修身"与"诚意"之间，加上"正心"一项，这恐怕是本诸上述的董仲舒的话的吧。《大学》中，又说"物有本末，事有终始，知所先后，则近道矣"，又说"其本乱而末治者否矣"，论列本末终始，这也与上述的董仲舒说的《春秋》"视大始而欲正本"类似。

把上列的几点，综合了来看，可以想象：《大学》篇，是承受思孟派的思想，并参酌了董仲舒的意见的。董仲舒所奉的《公羊春秋》之学，似是渊源于孟子的。《大学》篇与思孟派的主张相一致，前加上了董仲舒的意见，这正是暗示《大学》篇是出诸渊源于思孟派的董仲舒一派的学者之手的。由于《大学》篇，可以窥知武帝时代太学的教育精神。

武帝时立于学官的五经博士，是杨何的《易》、欧阳氏的《尚书》、辕固生的齐《诗》、后仓的礼学及胡毋生与董仲舒的《公羊春秋》的五经；降而至于宣帝时代（公元前74—前49年），为了大夏侯《尚书》、小夏侯《尚书》、大戴《礼》、小戴《礼》、施氏《易》、孟氏《易》、梁丘《易》及谷梁《春秋》，增置博士官；后来，在元帝时代（公元前49一前33年），增置京氏《易》博士，立了十四博士，其中，除了穀梁《春秋》，其余的十三家，都有相同的倾向，在学派上相互间有着密切的关系。试将这些学派的系统，立表如后：

（《易》）

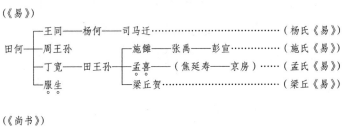

（《尚书》）

（齐《诗》）

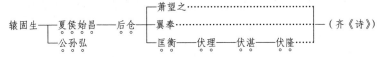

（《礼》）

（《公羊春秋》）

以上，只是举其大要。通览上表，传《公羊春秋》的公孙弘，同时兼学齐《诗》；《公羊》的大家董仲舒，在《诗》的方面，据说与申公、韩婴的意见不同，恐怕也是治齐《诗》的人吧。由此，可以知道，在《公羊春秋》与齐《诗》之间，是有连络的。又，传齐《诗》的夏侯始昌，同时受伏生的《尚书》的传授，而伏生的子孙伏理等，列于齐《诗》的系统中，由这两点来看，齐《诗》与伏生的尚书学，也似有密接的关系。因此，可以想象，渊源于伏生的欧阳《尚书》，与齐《诗》也有不能分离的关系。其次，传齐《诗》的后仓，同时从孟卿治《礼》，孟卿又从嬴公学《公羊春秋》，由此，可知孟卿及后仓以后的礼学，也与《公羊春秋》及齐《诗》，发生了关系。传田何之《易》的服生，与传《尚书》的伏生，是同音相通的姓，而且同是济南人，或者不一定没有姻戚的关系；又，称为田王孙的弟子的孟喜，是孟卿的儿子。综合这九点看来，《易》，也许与《公羊春秋》及伏生《尚书》有联络也未可知。

因而，田何的《易》，与伏生的《尚书》，与辕固生的齐《诗》，与胡毋生、董仲舒的《公羊春秋》，与孟卿、后仓的礼学，都是相互地有密接的关系的，《易》之祖田何、《尚书》之祖伏生、齐《诗》之祖辕固生、《公羊》之祖胡毋生，都是齐人；可以知道，这些都是齐人传授的经学。因而，武帝以后的经学，大体上是齐人之学，与武帝以前的都出于鲁人申公的经学，是全然不相同的系统。因此，武帝以前的经学总称为鲁学，武帝以后的经学，可称为齐学。鲁学是渊源于荀子的；齐学的中心《公羊春秋》是出于孟子的，这也是很有趣的对照。

我在前面说过，由于董仲舒的《对策》及《礼记》的《大学》篇，想象武帝时代太学教育的精神，在于"明明德""亲民""止于至善"的三纲领；这同时可以想象，是齐学的主张。但在齐学中，还有一个主要的特征，这便是，借董仲舒的话来讲，强调"天人相与"的关系。如前所述，《易》原本是卜筮之书，卜筮是企图了解人类所做的事情合天意与否的，所以，这是有着天人相与的思想的；齐学，不只《易》，在其他的经书中，也力说这种关系。例如，在伏生的《尚书大传》中，最费了力气的，是《洪范》的五行说；继承伏生学的夏侯胜，以说述五行灾异而著名。又，董仲舒的《对策》，如上所述，借《春秋》以力说天人相与之际，说国家政治的善恶，天显示灾异以警告人主。齐《诗》的名家翼奉，也引用其师说，大意说：

> 天地设位，悬日月，布星辰，分阴阳，定四时，列五行，以视圣人，名之曰道。圣人见道，然后知王治之象，故画州土，建君臣，立律历，陈成败，以视贤者，名之曰经。贤者见经，然后知人道之务，则《诗》《书》《易》《春秋》《礼》《乐》是也。《易》有阴阳，《诗》有五际，《春秋》有灾异，皆列终始，推得失，考天心，以言王道之安危。（见《汉书·翼奉传》）

这便是说，五经都是说天人相关之理的。翼奉之师，是礼学也精通的后仓，渊源于后仓的二戴的《礼记》，有明堂阴阳说，这是站在礼学的立场上，说述天人相关之理的吧。

总之，董仲舒所说的"观天人相与之际"，翼奉所说的"考天心，以言王道之安危"，这是齐学经说的一大特色。原本，认识天人的关系，以为人道应该随顺天道，这是中国古代民族的根本的信仰，不一定是这一派的特色；但是，先秦的儒家，大多说由于内省人类的本性，可以忖度天意，与这种说法相对；这一派的学者，说鉴于天灾地异，可以知道政治的协天意与否，所以，这明显是齐学经说的特色。这种思想，如追溯其渊源，似是出诸邹衍的阴阳五行说的。邹衍，与孟子约略同时而产生于齐的思想家，他以为宇宙万物是由木、火、土、金、水的五原素（即五行）产生的，他以为一切现象都是为五行消息之理所支配的；邹衍的这种思想，影响到儒教的，是阴阳灾异的思想，这是齐学经说的一大特色。

总之，董仲舒出来以后的前汉的经学者，都相信人类的道德是随顺天命的，当人类的行为违反天命的时候，天便显示灾异来警告，同时，以为人类的本性中有着昭明不昧的德性，发挥这种德性便是人的道。但是，及其末流，后面的那一部分思想，不知道什么时候消灭了，堕落到单注重占侯以预测将来的京房的易学及注意天灾、预告未来的谶纬说之中了。

京房的易学，用力于灾异占验，其渊源在于孟喜。孟喜是齐学《礼》的名家孟卿的儿子，曾从田王孙学《易》，因为得阴阳灾异之书，私改师法，所以，齐学与《易》便连接在一起了，后来，经焦延寿至京房，灾异说便更盛了。《汉志》中，也载着《孟氏京房灾异》六十六篇；这京房说，到后来，便成了谶纬说。所谓"谶"，是"验"的意思，预言将来而使有徵验，这是这一派的目的；记载这种预言的文献，与"经"相对，称为"纬"，所以，这叫谶纬说。

谶纬的书，在《后汉书》的《樊英传》注中，举着三十五部，在同书《张衡传》的注中，有八十一篇，但现在，仅存其佚文，无法看到其全体了。谶纬家都说，这些书出于孔子，其实，如后汉张衡所说，它们出于前汉末哀帝、平帝的时候。由这些佚文来看，可以知道，谶纬之说，出于以《公羊》为中心的齐学。例如，如清儒张惠言所说，纬书的《易纬·稽览图》，是京房《易》，《诗》纬中有五际说，这是翼奉学的余波。我们由此可以知道，齐学的末路，堕落到了谶纬说中。

第十二章

后汉的经学

我在前章中，叙述前汉的经学，最初是渊源于鲁人申培的鲁学，后来转而为以董仲舒为祖的齐学。但这是极大概的论列，即令在董仲舒以后，鲁学的系统还是不绝，在宣帝的时代，与以《公羊》为主的齐学同时，源于《穀梁春秋》的鲁学，也设博士。但鲁学是发源于否定天人的关系的荀子之学的，反之，齐学是出诸肯定天人的相关的孟子的。这两派，在根本思想上，是不会一致的，其经说的不同，实不遑枚举。如果经学是"纸上谈兵"，那么，如此的差异，也可以作为异说而并存着；但这是指导国家社会的活生生的学问，所以其差异非调和不可。由于这样的必要而产生的，便是叫作"古文学"的一派；所谓古文学，在前汉末抬头，在后汉兴盛。

与后汉的经学称为古文学相对，前汉的经学称为今文学。所谓"今文"，是汉代通用的文字隶书的意思，前汉的经书是秦焚书后，学者将暗诵的著作用隶书写下来的本子，用这种本子来讲述的经学，叫作今文学。例如，《尚书》是秦博士伏生所传的二十九篇，《礼》是鲁高堂生所传的《士礼》十七篇，《诗》是辕固生与申公所传的三百篇，《穀梁春秋》与《公羊春秋》是到那时为止，以口传的方法传授的，到汉代，才上了竹帛；这些，都是用隶书写下来的。

但到景帝末年，鲁恭王为扩张其宫殿，毁坏孔子的旧宅，在其壁中，发现了用先秦时代的古文字写的《尚书》《礼经》《论语》《孝经》等古本数百篇。同时，河间献王尽力于书籍的搜集，得《周官》《尚书》《礼》《礼记》《孟子》《老子》等，这些都是用古文写的古本。在献王之下，有毛公、贯公等学者，贯公好北平侯张仓获得的古文《左氏春秋》，毛公倡古文《毛诗》学，作《毛诗故训传》。这些古文的经典，由献王献给了朝廷，为一部分的学者所研究，但还没有引起一般的注意。

成帝河平三年（公元前26年），命光禄大夫刘向，整理武帝以来藏在朝廷秘库中的书籍；到哀帝的时候，刘向整理了一半，死了，便命其子刘歆继承父业。于是刘歆能遍阅秘库中的书籍，将秘库中的古文《易经》与施孟、梁丘的今文《易》相对照，发现今文中常有脱字，反而民间通行的费氏《易》的经文，与古文相合。他又取《尚书》的古文经，与今文经相比较，发现今文比古文少十六篇，而且有脱文脱字，文字的差异有七百余。又，《礼》的古经，有五十六卷，比高堂生所传的《士礼》多三十九篇，在许多地方，他感悟到古文的经典的应该尊重；尤其是，因读《春秋左氏传》而爱好它的当时的丞相尹咸、翟方进的询问其大义而发明的很多，因此，决定提议将《左氏春秋》《毛诗》《逸礼》及《古文尚书》立于学官。但当时的学者，不苟赞同。因此，他将这些古文经送给太常博士，论列国初以来经学的消长，辩论古今文的优劣，甚至于说，与其误而立之，不如误而废之。但当时的当路者，以为刘歆非难先帝所立而改乱旧章，不准所请。

这个时候刘歆的意见虽则不被容纳，但到哀帝死，平帝立（公元元年），王莽执国政，便增置《左氏春秋》《毛诗》《逸礼》《古文尚书》的四经博士，到王莽的时代，置《周官》博士，到了这个时候，古文学是被公认了。

试据两汉《儒林传》等，就古文学的系统，立表如后：

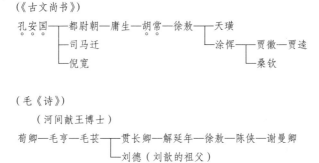

（《古文尚书》）
孔安国——都尉朝——庸生——胡常——徐敖——天璜
　　　　——司马迁　　　　　　　　　　——涂恽——贾徽——贾逵
　　　　——倪宽　　　　　　　　　　　　　　　——桑钦

（毛《诗》）
　　　　（河间献王博士）
荀卿——毛亨——毛苌——贾长卿——解延年——徐敖——陈侠——谢曼卿
　　　　　　　　　　——刘德（刘歆的祖父）

《左氏春秋》）
（河间献王博士）

荀卿—张苍—贾谊—贯公——贯长卿——张敞
　　　　　　　　　└张禹——萧望之
　　　　　　　　　　└尹更始——尹　咸
　　　　　　　　　　　　　　　　　└刘歆——贾徽
　　　　　　　　　　　　　　　└翟方进　　　└桓谭
　　　　　　　　　　　　　└胡常——贾获——陈钦

上列三经之外的古文《易》、古文《礼》及《周官》之学，虽则是由刘歆倡导的，但刘歆以前的学者不详。通览上列三经传授的系谱，《毛诗》与《左氏春秋》都通过河间献王的博士，尤其是，通两经的学者贯长卿；《古文尚书》，最初起于孔子的裔孙孔安国，似与献王没有关系，但献王得《古文尚书》《礼经》及《周官》之事，是《汉书》的本传中明记着的，所以这些经书定与献王有关系。传《古文尚书》的胡常，同时传《左氏春秋》，所以到了汉末，《左氏春秋》与《古文尚书》之间有了联系。于是，古文经的研究，是以起于河间献王的门下为主的学问，这与齐鲁之学相对，可以叫作燕赵之学。

其次，据上列的表，《左氏春秋》之学，出于荀卿，似与《穀梁春秋》同其源流，而且，这一派的学者尹更始、尹咸、翟方进，也都是列名于穀梁家的人，刘歆的父亲刘向也是《穀梁》的学者。我们注意到上列的几点，便可以想象，在《左氏》与《穀梁》之间，有着一种关系。又《毛诗》表上也表示出于荀卿，在现在的《荀子》

中，说明《诗》的部分与《毛诗》义相一致的很多，所以这个系谱不一定是无稽之谈，而如前所述，《鲁诗》也出于荀卿，所以，《鲁诗》与《毛诗》也定有深深的关系。又楚元王曾从申培学《鲁诗》，元王之子休侯之曾孙刘向也传《鲁诗》，刘向之子刘歆重《毛诗》，但也承认在三家诗说中，《鲁诗》最好。由这一点上来看，可以知道，《鲁诗》与《毛诗》的关系并不浅。我想，《毛诗》与《左氏春秋》，是由后出的古文经传，改订了《鲁诗》义与《穀梁》义的吧。现在，《毛诗》的《总序》与《鲁》说类似，在《毛传》之中有引《周官》之文而说诗的部分，这说明了上述的想象并不错误。我以为，古文之学，是由新出的古文经传修正了鲁学的。

那么，古文之学，是提倡什么的？这，由这一派的代表者刘歆之手所成的《七略》，可以看到大概。刘歆的《七略》，早已亡佚不传，但《汉书》的《艺文志》，大体是根据《七略》的，所以，由此可以知道刘歆的古学的大意。《汉书》的《艺文志》，把经书分为《易》《书》《诗》《礼》《乐》《春秋》的六经，比较各经的今古文，强调古文的优秀点，最后，总论六艺：

> 《乐》以和神，仁之表也；《诗》以正言，义之用也；《礼》以明体，明者著见，故无训也；《书》以广听，知之术也；《春秋》以断事，信之符也。五者，盖五常之道，相须而备，而《易》为之原。故曰："《易》不可见，则乾坤或几乎息矣"，言与天地为终始也。

依据这一段话，刘歆以为，《乐》《诗》《礼》《书》《春秋》这五经，是分别地教以仁、义、礼、智、信这五常的，以《易》为五常的源泉。因为六经中，《易》是最哲学的著述，其中说述自然界之理，这自然界之理，便是被看作人类道德的根本基础的吧。刘歆在如此地把六艺排了顺序之后，再把论语类、孝经类与小学类（研究文学的书籍）的三类，附加于六艺类之后，这恐怕是因为把六经当作孔子以前的典籍，把《论语》《孝经》当作传达六经的精神的书籍，把小学书当作训释六经的字义的书籍的缘故吧。在后世的经学中，也有企图阐明六经的精神的学派，与注重文字训诂的学派，刘歆是早已认识到经学上有这两个方面的人，他自己也以认识有这两个方面为心得的吧，其后的古文学，仅向训诂的方面发展，显示了经学便是训诂学的情状。

后汉初年，继前汉之后，立为朝廷的学官的经博士，都是今文学；不知道在什么时候，古文学占了优势，后汉经学的特征，便在于这古文学的发达。试将后汉古文学者中著名的人物的学问系统，立表如后：

（《尚书》）孔安国……………………徐敖—涂恽—贾徽—贾逵—许慎

（《毛诗》）贯长卿…解延年—徐敖—陈侠—谢曼卿—卫宏—徐巡

（《左传》）贯长卿┬张敞—张吉—杜邺—杜林
　　　　　　　　└张禹…尹咸—刘歆—贾徽—贾逵—许慎

（《周官》）

　　　　　　　　刘歆—杜子春—郑兴—郑众

表中只有加"○"号的，才是入后汉以后的学者，此外都是为显示其来源，记下了前汉时的学者的。这些后汉的学者，都是以训诂著名的人，写了许多的注释书，其中，许慎可以说是训诂学的大成者，其名著《说文解字》，比较篆文及古文籀文，从文字的构造上说明其意义，其中，广引桑钦、杜林、卫宏、徐巡、贾逵的说法。许慎之后，有名的马融出，马融的弟子中，有卢植和郑玄两大家，这些学者，对于古文诸经，广作注释，遗留了许多著作。

其中，郑玄（公元127—200年），是山东高密人，最初，师从京兆的第五元先，治今文学，后来，由于卢植的关系，事马融治古文学，是折衷古今文而自成一家的学者。其著述，有《周易》《尚书》《毛诗》《周礼》《仪礼》《礼记》《论语》《孝经》等注，又论列六经之要的，有《六艺论》等。他的折衷的态度，在《仪礼注》《毛诗笺》《论语注》中，最为明了。他注的《仪礼》，是将今文、古文两派的本子，比较对照，勘正经文的异同，在采用今文经的地方，在下面注明古文作某字，依据古文的地方，在下面注明今文作某字，以定其长短。他作《诗笺》，以《毛诗》为主，对于毛义隐略的部分，加以敷陈，对于毛义的不足部分及不稳妥的部分，采用三家诗说——尤其是《齐诗》说。他注《论语》，也据《古文论语》，订正张禹《鲁论》。他这样地折衷今古文，而自成一家，但其重心，在于古文。与他同时的今文学者何休，著《公羊墨守》《左氏膏肓》《穀梁废疾》三书，排斥《左氏》《穀梁》两家，而称扬《公羊》。他反对何休，著《发墨守》

《箴膏肓》《起废疾》，排斥《公羊》，特重视《左氏》，由于这一点，也便可知道他的重心在于古文了。他对于六经全体的见解，在《六艺论》中说，《易》，阴阳之象，天地之所变化，政教之所生。又说，孔子以六艺之题目不同，指意殊别，恐道之离散而后世不知根，故作《孝经》总会之。

由于上述的话来推测，可以知道，他也是把《易》当作说述人道的根源，把《孝经》当作说明六经的精神的，这与刘歆的见解，大略相同。因而，在这一点上，对于刘氏，并没有特殊的发展；但他比较今古文，考证文字，研究训诂，使经学归于一是，这不能不说是非常的功绩。

第十三章
两汉的诸子

两汉，是经学全盛的时代，但因承受周末的余风，诸子的著作也不少。我们在前面的两章中，叙述两汉经学的大势，这里另换一章，就诸子的汉代的著作，叙述一下。

汉代的诸子，第一得推陆贾的《新语》吧。陆贾，楚人，是汉高祖时拜太中大夫的人；他的著作，在《史记》中，举著《新语》十二篇，《隋唐志》中著录二卷。现存的，为二卷十二篇，与《史记》及《隋唐志》的记录相一致；其中，有脱落误字，难读的地方很多。《新语》，在开卷第一《道基》篇中说："天生万物，以地养之，圣人成之，功德参合，而道术生焉。"其次，说先圣仰观天文，伏察地理，图画乾坤，以定人道，中圣设辟雍庠序之教，明父子之礼、君臣之义，后圣定五经、明六艺，最后说："阳气以仁生，阴节以义降……《春秋》以仁义贬绝，《诗》以仁义存亡，《乾》《坤》以仁和合，《八卦》以义相承，《书》以仁叙九族，君臣以义制忠，《礼》以仁尽节，乐以义升降。仁者道之纪，义者圣之学。学之者明，失之者昏，背之者亡。"他把天、地、人三才之道，归之于六艺，把六艺的精神括约于"仁义"二字之中；他说"阳气以仁生"，把"仁"看作"生生"之意，这正是《易》的哲学所产生的吧。《新语》的文章，有时颇与《易传》类似，又两次称引《系辞传》，这是陆贾尊重《易》的佐证。他，与《易》相并，举《诗》《书》《礼》《乐》及《春秋》，有时，甚至于引用《穀梁传》，所以，可以想象，他的五经之学，并不是出于孟子的，是继承荀子的。

据上所述，陆贾是纯粹的儒者；但是，他又说："道莫大于无为，行莫大于谨敬。"（《无为》篇）"治以道德为上，行以仁义为本。"（《本行》篇）这里，看到他受了道家思想的影响。在最后的《思务》篇中，甚至于引证了《老子》的话。总之，他是在政治上称扬无为之治，在道德上以仁义为极则的人，是折衷了儒与道的。

次于陆贾，应该考量的，是贾谊的《新书》。贾谊，洛阳人，仕于文帝，至太中大夫，后任梁怀王的太傅。其著作，《汉志》中举著五十八篇，《隋唐志》中作十卷，今本也存着十卷五十篇之目，惟其中两篇，有目无文，而且其中拆《治安策》之文为数篇，所以，现行本果是古本的原形否，已不详。

《新书》的《六术》篇中，把《诗》《书》《易》《春秋》《礼》《乐》的六者，称为六艺，人由这六艺以修的时候，成了仁、义、礼、智、信、乐的六行，这是儒家的主张。但《道术》篇中说：

"请问道者何谓也？……道者，所从接物也。其本者谓之虚，其末者谓之术。"下面再说明"虚"。所谓虚，如镜之照物，美恶毕至，衡之无私平静而轻重皆悬，如人主南面，由于保持虚静，令名自宣，命物自定。这不能不被看作道家思想的影响。他又说明"术"：人主仁则境内和，人主义而境内理，人主有礼则境内肃，人主公而境内服，人主有法则境内轨。这与上述的"虚"的说明对照了来看，贾生，作为实际行为的标准，大体上是继承儒家的教导的，但是从内面论到其心的时候，似是采用道家说的。因此，贾生与陆贾的在政治的行为上采取道家，在道德的行为上采取儒家而折衷了的，稍异其趣；但是，在糅合儒与道，而立一家之说这一点上，是相同的。这恐怕是当时思想界的情势使然的吧。

汉初的思想界，还遗留着秦代的余风，有治申商之学的，也有治纵横之术的，晁错的学申商刑名，主父偃的治长短纵横之术，即其一例。比这个更流行的，是黄老之学。曹参听了盖公的话，希望以清静治国家；陈平修黄帝、老子之术；汲黯好修黄老，治民以清静为旨；窦太后好黄老之言，骂儒书为司空城旦之书；这些，都是在说明这个时代的一般的风尚。所以，《史记》作者司马迁的父亲司马谈，在评论六家的时候，关于阴阳、儒、墨、名、法这五家，说各有长短，但对于道德即道家，却激赏说，因阴阳之大顺，采儒、墨之善，撮名、法之要，而无所不宜，指约而操易，事少而功多。这也可以看到时尚的一端。在这样的道家流行的时代中表现出来，儒家也倾向于这方面，这也是自然的事吧。

儒家与道家握手，建起独立的地盘，这是武帝时董仲舒出世以后的事。自从董仲舒的所谓"六艺之科，非孔子之术"，想绝灭它而统一思想的政策为武帝嘉纳以来，儒教便成了国教似的形态，如其不是儒教，便不能跻于要路。于是，流行到那个时候的黄老之学，便不能在中央伸展骥足了，终于，都跑到淮南王刘安那边去了。

淮南王刘安，高祖之孙，生平嗜读书，招致宾客，因此，因了武帝的新国是而在中央失志的黄老之徒，便争先集合于淮南王的门下了。这些宾客，据说有数千人；其中著名的，是苏飞、李尚、左吴、田由、雷被、毛被、任被、晋昌八人，这叫作淮南的八公。淮南王常与这八公及大山、小山等儒者，从事于著作，著《淮南子》内书二十一篇、外书三十三篇及中书八篇，现在流传的，只内书二十一篇。

通览《淮南子》内书二十一篇，其中，把周末诸子几乎全部都采入了，所以极其该博。就是：《天文》《时则》这两篇为阴阳家言，《地形》为形方家言，《兵略》为兵家言，《主术》为法家言，《齐俗》《修务》中有农家言，《缪称》中有儒家言。但其中心思想，是道家言，《淮南子》二十一篇可以说是由道家言来折衷了诸子的。

在《淮南子》的门下，集合了在中央政府不得志的异术之士；其中特别有势力的，可以想象，是汉初以来流行的道家。但是，这里有一点要注意：汉初的道家，都崇奉黄帝、老子，并称黄老，在《淮南子》中，老子与庄子并称，叙述那考验老庄之术的。还有一点，与《淮南内书》一并要注意的，是《中书》。《中书》，今已亡佚不传，据《汉书·刘向传》，这书被称为《枕中鸿宝秘书》，是总述神仙术的。那么，淮南门下，似盛行研究神仙术的。因而，淮南门下的倾向，可以说是从老庄进而至于神仙的吧。

在淮南王的门下，如上所述，集合了种种的异术，一时非常热闹，但不久，淮南王的阴谋暴露，便受了弹压，结果，董仲舒的儒教一尊主义，风靡了一世。

董仲舒的儒教一尊主义，黜黄老百家之言，在思想统一上是成功了，但是，在这派人所崇奉的齐学派的经学中，混杂着不少阴阳家的迷信，其末路终于堕落到了谶纬的迷信中。为了救这个堕落，扬雄起来了。

扬雄，蜀之成都人，天凤五年（公元18年）年七十一岁逝世的学者，与古文经学的泰斗刘歆同时。刘歆，由于倡导古文学，使前汉以来的经学一新；扬雄，著《太玄》及《法言》二书，以救时弊。

《太玄》，模仿《易》而作，《法言》是以类似《论语》而作的著作，但他的《太玄赋》中说："观大易之损益兮，览老氏之倚伏，省忧喜之共门兮，察吉凶之同域。"由这句话来看，《太玄》的思想，是折衷了《老子》与《易》的。又《太玄·玄莹》篇中说："夫作者贵其有循而体自然也。"由这句话来看，这是采择

《易》《老》的自然因循之教的。换句话讲，他是采纳《老子》的哲学而把《易》改作了的。那么，他有什么必要，把《易》改作呢？《法言》说明这一点说：

> 或曰："述而不作，玄何以作？"曰："其事则述，其书则作。"
> 或曰："《玄》何为？"曰："为仁义。"曰："孰不为仁？孰不为义？"曰："勿杂也而已矣。"（《法言》五《问神》）

这个所谓"勿杂而已矣"，是表示他作《太玄》的目的，这是想救那堕落到谶纬中的经学之弊的。于是，又说：

> 或问："圣人占天乎？"曰："占天地。""若此，则史也何异？"曰："史以天占人，圣人以人占天。"（《法言》八《五百》）

这里所谓"以天占人"，是指那由于天的灾异以判断人事的吉凶的谶纬家的。所谓"以人占天"，是说应该修人事以知天道的，是想打破当时的弊害的。他又说：

> 或问："人言仙者，有诸乎？""吁，吾闻伏羲、神农殁，皇帝、尧、舜殂落而死，文王，毕；孔子，鲁城之北。独子爱其死乎？非人之所及也。……"……有生者必有死，有始者必

有终，自然之道也。(《法言》十二《君子》)

这是排斥淮南末流的神仙家说的。因为，他是救当时经学的堕落及斥淮南门下的怪说，而使归于孔子之道、五经之说的，看了他说的"古者杨墨塞路，孟子辞而辟之，廓如也。后之塞路者有矣，窃自比于孟子"(《法言》二《吾子》)，他的自任也自然可以知道了。

他说孔子是人道的门户(《吾子》)，但又说"老子之言道德，吾有取焉耳"(《法言》四《问道》)，也采取老子的长处，重视自然之道。他又尊重孟子，说其知不异于孔子，同时又认荀卿为同门而异户者(《法言》十二《君子》)，他折衷两者的性说："人之性也善恶混。修其善则为善人，修其恶则为恶人。"(《法言》三《修身》)说述修身的重要。总之，他是采取孔子、老子、孟子及荀子的长处，从自然之道以进至仁义，借此以排斥谶纬说及神仙说的，他是企图一新时代的思潮的。

扬雄的匡救时弊意气很盛，只是，他的文章，有过分修饰、华藻有余而达意不足的遗憾。他的门下有桓谭，用平易的文章，表达了所要讲的话。

桓谭，沛国相人，是仕于后汉光武帝的人，其著述，据说有《新论》二十九篇，今不传。但是，我们由于各书所引的佚文，可以知其大体。据说他学于刘歆与扬雄，但特别尊敬扬雄，激赏扬雄说："扬子云才智开通，能入圣道，卓绝于众，汉兴以来，未有此人也。"（《论衡》引《新论》）又，继承扬雄的主张，排斥谶纬与神仙。《后汉书》本传中说："观先王之所记述，咸以仁义正道为本，非有奇怪虚诞之事。……今诸巧慧小才伎数之人，增益图书，矫称谶记，以欺惑贪邪，诖误人主。"这是揭发纬书的伪作，且非难谶验的。对于刘歆的相信神仙说，说如果能压抑嗜欲，便可防止衰老，指那个庭前老树说，树木并没有嗜欲，但不是也会枯萎的吗？（《太平御览》九六五引《新论》），这故事，正是排斥神仙说的一个例子。

桓谭的《新论》今已不传，所以不能明白其详细的见解；但以后，王充出，接受其思想，有详细的论著。王充是会稽上虞人，生于建武三年（公元27年），死于永元中（公元98—104年）。他的著述中，有《论衡》三十卷传世。他说："《新语》陆贾所造，盖董仲舒相被服焉。"（《案书》篇）又说："仲舒之言道德政治，可嘉美也；质定世事，论说世疑，桓君山莫上也。故仲舒之文可及，而君山之论难追也。"（同上）这么地激赏桓谭。又说："众事不失实，凡论不坏乱，则桓谭之论不起。……是故《论衡》之造也，起众书并失实，虚妄之言胜真美也。"（《对作》篇）把自己的著作，比之于《新论》。王充又说："虚妄之语不黜，则华文不见息；华文放流，则实事不见用。故《论衡》者，所以铨轻重之言，立真伪之平，非苟调文饰辞，为奇伟之观也。"（同上）以平易的文章，打破世俗的迷信。

在其《书虚》《变虚》《异虚》《感虚》《福虚》《龙虚》《雷虚》

《道虚》八篇中，对于灾异、祸福、吉凶之说，指摘其虚妄多端；在《论死》《死伪》《订鬼》诸篇中，排斥灵魂不灭的见解；在《讥日》《卜筮》《辨祟》《难岁》等篇中，排斥一般世俗的迷信；在《讲瑞》《指瑞》《是应》等篇中，论不能有瑞兆；更在《语增》《儒增》《艺增》三篇中，实证文献中的妄增窜加，遂在《非韩》中非难韩非，在《谈天》《说日》中，非难邹衍及天文家之说，在《问孔》《刺孟》中，说明孔孟之说亦有矛盾，亦可讥刺。全书都尝试着打破迷信，在这些地方，见到王充是继承扬雄、桓谭的遗绪，更推演了的。

但在《论衡》中，纵横无尽地试其破邪的锐锋，这在比较上，觉得显正的方面略有欠缺。他在《自然》篇中说，一切现象，都是从天的行动而发生的，这行动便是自然。所谓自然，是没有意志而能动的意思，亦可称之无为。在人类中，至德纯渥的人，禀天气多，所以能则效天之自然无为，禀气薄小者，不似天地，所以称之为不肖之人，所为不肖便是不似天地之无为，而是有为。贤之纯者乃黄帝、老子，他们操身恬淡无心于为而物自在，无意于生而物自生。在《易》中说："黄帝、尧、舜垂衣裳而天下治。"在《论语》中说："大哉，尧之为君也！巍巍乎！惟天为大，惟尧则之。"便是这个意思。（《论衡·自然》篇）由此观之，可以知道，王充与扬雄一样，皆采取黄老之自然因循主义。相信因循自然为绝对的，他对于人类的道德及修养的过程讲得很简略，他以为人性中有善恶高下的差别，也是自然。彼在《本性》篇，列述世硕、公孙尼子、孟子、告子、荀子、董仲舒、刘向、扬雄等之性说，最后说："自孟子以下，至刘子政，鸿儒博生，闻见多矣……邓文茂记，繁如荣华；诙谐剧谈，甘如饴蜜，未必得实。实者，人性有善有恶，犹人才有高有下也……孟轲言人性善者，中人以上者也；孙卿言人性恶者，中人以下者也；扬雄言人性善恶混者，中人也。"他以为人性是不能变易的。（《本性》篇）

总之，王充之《论衡》，对于打破当时的迷信，有很大的功劳；但未能树立新哲学，而利导世务。所以后来的诸子，转换方向，折衷儒家与法家，发有益于当世之用的议论。

代表这个新倾向之诸子，主要的是王符的《潜夫论》与仲长统的《昌言》。

王符，安定临泾人，其生死年代不明，因其与马融（公元78—166年）为友，大概是桓帝时代的人，从小好学问，有志操，立仕官之意，著书二十余篇，现有《潜夫论》二十六篇。各篇之内容，在其最后之叙录中说明；校订此书的汪继培，更概括地说："王氏精习经术，而达于当世之务。……不为卓绝诡激之论。其学折衷孔子，而复涉猎于申商刑名、韩子杂说。"这是很能把握其要点的。即王符此书，是以法家之说润色儒家的主张的，句句皆能实际适用。《四库全书提要》品评此书说，符书辨别是非似《论衡》，而醇正过之，洞悉政体似《昌言》，而明切过之。他是继承王充之批评的态度，转移于政治问题上，于儒家之外添加了法家的。

　　仲长统（公元179—220年），山阳高平人，建安中，被任为尚书郎，后来参与曹操的军事，其著作有《昌言》三十四篇。《昌言》今亡佚不传，在《群书治要·意林》与《后汉书》本传中，尚摘录其主要的章节；严可均之《全后汉文》中，把这些散见的章节收集了拢来，更广辑佚文，故由此可知其大体。开首所说德教人君之当任也，而刑罚佐助之的话，便是表示《昌言》之内容，是折衷儒家与法家的，与《潜夫论》同样。

　　总之，王符及仲长统，戒浮靡，辨章功实，任贤考功，以礼制之，以刑威之，以改善衰世之风俗，这是法家色彩很浓厚的儒家。这种法家化的儒教，到下一时代，由曹操实行了。

中古期　三教交涉的时代

第十四章

从儒教到老庄

　　后汉亡（公元220年），便成了魏、吴、蜀三国鼎立的时代。魏国创业主是曹操武帝，其子曹丕文帝，善继其父业。文帝有称为《典论》的著述。其序中说："上雅好诗书文籍，虽在军旅，手不释卷。每每定省，从容常言：人少好学，则思专，长则善忘；长大而能勤学者，唯吾与袁伯业耳。余是以少诵诗、论，及长而备历五经、四部，史、汉、诸子百家之言，靡不毕览。"所称"上"，即指武帝，所称"余"，即指文帝，故可知武帝父子是爱好学问的。武帝有《兵书接要》这著述，似乎该书乃集《太公阴谋解》三卷、《孙子略解》三卷、《续孙子兵法》二卷、《司马兵法注》一卷、《兵法要论》一卷总计十卷而成；惟至今尚存的，只不过是作为魏武《注孙子》的《孙子略解》三卷。就此来看，武帝似是兵法学者。《魏书》评判他说："太祖御军三十余年，手不舍书。书则讲武策，夜则思经传。"在参与他的军事的学者中，有仲长统那般的儒者，因此，武帝或者也是通达儒教的人。仲长统是《昌言》的著者，前面已说过，《昌言》乃带有浓厚的法家色彩的儒家言，刘勰氏的《文心雕龙》说，魏初兼霸术名法。又《魏志》评曹操曰："揽申商之法术，该韩白之奇策，官方授材，各因其器。"就此去推测，则曹操的儒学，一定是和《昌言》同样属于法家的。而魏朝的施政方针，乃强迫极端节俭；虽后宫，亦食不兼肉，衣不用锦帛，茵蓐不取缘，器物不施丹漆（《卫觊传》），其臣下亦与此同化，大吏亦端壶殽上官署（《和绘传》），列卿亦日食干饭，衣破则以纸补缀之（《卫觊传》）。这一切或许都是根据那诚浮靡的《昌言》的主张的。

继曹操之后的文帝，在黄初之初，兴学官，增博士员额，图儒学之兴隆，当时的学者中，有王肃其人。王肃，字子雍，其父王朗乃后汉末学者，赐姓杨，是传授今文学的人，故其子王肃，显然亦精通今文学；他又好贾逵、马融之学，折衷今古文，撰录《书》《诗》《三礼》《左氏》《论语》的注解，都为学官所采用，他折衷今古文的态度，虽亦与郑玄同样，惟他反对郑玄。据说，郑玄用今文之处，他便用古文，郑玄采古文之点，他则改为今文。他又有《圣证论》十二卷，该书乃依据《孔子家语》以驳斥郑玄。据说，他所根据的《家语》，乃他个人伪增的。这么一来，他每事都反对郑玄，惟其意见之不同，主要的是礼制和字句的解释，与大义有关者很少。其后，《圣证论》便成为郑学和王学论争的中心，奉郑学的马昭既驳斥他，王学之徒孔晁则答辩，博士张融亦批判之。同时，孙炎亦奉郑学，著《圣证论驳》，孙炎又著《尔雅注》六卷及《尔雅音》一卷，潜心于文字的训诂。就这些事实来推测，则大约是自古文学兴起以来，便侧重于文字的研究，渐次讨论到细小的问题，当时研究文字是很盛的事实，看了张缉的《广雅》三卷，《古今字诂》三卷、曹侯彦的《古今字苑》十卷等书籍的陆续出世，便可知道，同时，由三字石经设立的事实亦可明了。所谓三字石经，乃用古文、篆、隶三体书写《尚书》《春秋》的文章，此古文乃根据魏初邯郸淳所传的古文经传，当时在学者间，似乎很注意这古文的笔法，于是，文字的训诂及笔法，是当时经学的主要问题，并无与大义有关的。鱼豢的《魏略》这样地记述当时学界的状态：太学始开时，有弟子数百人。到太和、青龙（公元227—236年），中外多事，人尽避就，虽不解性学，多请求太学，太学诸生有千数人，而诸博士率皆粗疏，因不能教育弟子，弟子原本为避役，因亦不能努力修学，冬来春去，年年如此。有时虽有勤学者，亦止于台阁举格，加之不念"统大义"，只在字指、墨法、点注之间问学，百人同试，未有十焉，因此，志学之士终复陵迟，求浮虚者各竞逐焉。（《魏志》卷十三注引《魏略》）

就此看来，当时的学问，似乎拘泥于文字的意义与笔法的枝节，毫无生意。因而，在这个时代，社会的方面是受后汉末诸子的影响，强制在严厉的法律下过极端的禁欲生活，在思想方面则受训诂学之余弊失却指道精神，其结果，稍有才能者，都脱离儒教而走到老庄。

所谓老庄之学乃信奉老聃、庄周之道的学派名称，是道家之一派，汉初信奉道家之人很多，特别窦太后是热心的信奉者，故这教势力很大，当时此派的人们，并称黄帝与老子，名为黄老学。惟及至武帝即位，儒家既得势力，黄老之学便失势于中央，仅集于淮南王刘安之下维持其余势。他们在淮南王之门，编纂《淮南子内书》二十一篇、《外书》三十三篇、《中书》八卷，同时并注意庄周，编纂《庄子》五十二篇，似乎是从此便敬仰老聃、庄周为宗师而形成了老庄学。可是，其后的两汉思想界，已成为儒家独霸的舞台，不见有老庄的活跃，仅由于后汉的许慎和高诱注解《淮南子内书》，著成《淮南子闲诂》及《淮南鸿烈解》，可想象一部分人尚不忘却他。然而，及魏晋之际，时势一变，老庄之学抬头，老庄思想压倒儒学而居其上。这回转期的代表者，是王弼和何晏。

王弼字辅嗣，正始十年（公元249年）二十四岁逝世。王弼的族祖王粲，得后汉名儒蔡邕之遗留书籍，其后把它让给王弼之父王业，王业又把它传给其长子王弘。王弼幼时便读诵其兄之书籍，有博览名，其著述有《老子注》二卷和《易注》六卷。他的《老子注》，乃以庄子思想解释老子，较从前的解释更进一步。他的《易注》，乃根据《费氏易》（古文《易》之始祖），借老庄之哲学以说明《易》，此乃以前所无者。试举其一例而言，他在《易》复卦的象传"复其见天地之心乎"一句之下，注解说：

复者，反本之谓也，天地以本为心者也。凡动息则静，静非对动者也。语息则默，默非对语者也。然则天地虽大，富有万物，雷动风行，运化万变，寂然至无，是其本矣。故动息地中，乃天地之心见也。若其以有为心，则异类未获具存矣。

其解释完全本老庄之说。他的《易注》，仅解上下经和彖象传，尚未及系辞传，惟韩康伯受他的见解，便写成系辞之注，且在系辞"一阴一阳之谓道"句下注解说："道者何无之称也，无不通也，无不由也，况之曰道。"由此看来，可想象王弼、韩康伯之《易注》如何地受老庄之影响。

何晏，字平叔，有天聪之誉，好老庄，书《老子》之注。传闻其后及见王弼之《老子注》，服其清奇，叹为如斯之人可与语天人之际。遂焚自己的注解，故他也算是王弼一流的人。又有《论语集解》二卷的著述。《集解》是集积他以前对《论语》的注解，更补其不足之点，他这补足的部分，乃受老庄思想的影响，例如，注于《述而第七》"子曰：'志于道'"句下说："志，慕也，道不可体，故志之而已。"又注于《先进第十一》："回也其庶乎，屡空"句下说：空，犹如虚中也。皆以老庄哲学解儒书。总之，后汉末至魏初，古文学之进展，既有作为倾向于文字训诂一方面的反动——以《易》和《论语》来阐明儒教精神的倾向，至正始以后，又有借用老庄哲学来说明《易》《论语》的意义的人们。其后老庄学的研究，日盛一日，自魏至晋之间，便有无数的老庄注释书。钟繇的《老子训》，董遇的《老子训》，张揖的《老子注》，何晏的《老子道德论》，阮籍的《道德论》，钟会的《老子注》，孟康的《老子注》，荀融的《老子义》，虞翻的《老子注》，范望的《老子注训》，王尚的《述老子》，程韶的《老子集解》，张凭的《注老子》，孙登的《老子集注》，崔撰的《庄子注》，向秀的《庄子注》，司马彪的《庄子注》，李颐的《庄子集解》，张湛的《列子注》等等，几不胜枚举的与儒者的注解讲疏相对抗。刘勰在《文心雕龙》说："迄至正始，务欲守文；何晏之徒，始盛玄论。于是聃周当路，与尼父争途矣。"诚非我欺之言。老庄学这般地盛行，便形成了避俗事尚清谈这一种时代思潮，赵瓯北《二十二史札记》中论这风潮说：

> 清谈起于魏正始中，何晏、王弼祖述《老》《庄》，谓天地万物皆以无为本，无者也，开物成务，无往而不存者也。（《王衍传》）是时阮籍亦素有高名，口谈浮虚，不遵礼法。（《裴頠传》）籍尝作《大人先生传》，谓世之礼法君子，如虱之处裈。（《阮籍传》）其后王衍、乐广慕之，俱宅心事外，名重于时，天下言风流者，以王、乐称首。（《乐广传》）后进莫不竞为浮诞，遂成风俗。（《王衍传》）学者以《老》《庄》为宗，而黜六经；谈者以虚荡为辨，而贱名检；行身者以放浊为通，而狭节信；仕进者以苟得为贵，而鄙居正；当官者以望空为高，而笑勤恪。（愍帝纪论）

　　这实为简略而得其要之言。而时尚之所趋，汤汤成俗，虽偶有裴頠、江淳、范宁等二三忧时之士，思有以矫正之，亦不能挽狂澜于既倒，徒传有阮籍、阮咸、嵇康、山涛、向秀、王戎、刘伶"竹林七贤"之名。

第十五章

从老庄到佛教

老庄学之盛行，一方面仅取清谈雅论，诱致娱心悦目的时尚，惟他方面又助以新来的印度思想，即对佛教之理解。

佛教后汉才传至中国，不久为楚王英所信奉，至后汉末桓帝时代，便奉祠于朝廷。中国人能真正理解佛教，大约是在魏晋时代开始的。试批阅辑录后汉至梁的僧徒传记的慧皎之《高僧传》；在后汉至魏之间，仅列有从事翻译佛经的译经僧传记，而义解僧则完全没有。这大概是暗示着在魏末以前，中国人没有认真理解佛教的。中国人试欲自己进而理解佛教的人，乃魏末朱子行为开端的。

朱子行乃颍川人，少怀高尚理想，脱落尘俗，其后出家，专努力于经典的研究，爱读后汉竺佛朔所翻译的《道行般若经》，曾试讲说之，惟苦于有文意不解之处，遂于魏甘露五年（公元260年）为寻觅原本而有西域之行。他渡过沙漠入于阗，得胡本九十六章六万偈，使其弟子弗如檀等十人，送之归洛阳，其后他死于于阗国，惟该经典于晋太康三年（公元282年）送到洛阳，后经五年移至许昌，后又经五年的元康元年（公元291年），在陈留界仓垣的水南寺，为竺叔兰所译出，其次在太安元年（公元302年）又为竺法寂、竺叔兰再整理，被称为《放光般若经》的经典即是。所谓《放光般若》，即相当于《大般若第二会》的部分，其别译有《光赞般若经》。所谓《光赞般若》者，即竺法护将于阗僧祇多罗所带来之书而翻译出来的，其原本之入中国，乃《放光》原本输入后四年的事情，惟其翻译之完成，乃在《放光》翻译前五年。新出的《放光般若经》，盛行于京华，流传于中山，其后太元元年（公元376年），释道安讲此经，得别译的《光赞般若》，与之对照，著作《般若放光品折疑准》一卷、《般若放光品折疑略》二卷、《般若放光品起尽解》一卷、《光赞折中解》一卷、《光赞抄解》一卷、《道行品集异注》一卷等，努力于般若思想之宣传。佛教入中国至此为止，凡经三百余年，此间由于许多翻译家之努力，已翻译出无数经典。可是，这等都没有像般若经典那般引起学者的注意。此等般若部经典为人重视之原因，乃般若的教理和老庄的思想近似，而老庄学之盛行，便帮助了对这种经典的理解。

般若部经典，一言而尽之，乃说诸法皆空之理，惟当时学者，乃以老庄的"无"字去解这"空"字，呼之为格义。所谓格义，即指用外典即《老庄》《周易》等书去说明佛教的教理，道安时代以前的学者，大多基于老庄之说去说明般若之"空"。真正地理解般若的教理，乃罗什既渡来，译出大乘之论，如《中论》《十二门论》《百论》等之后。在罗什以前,亦有加以类似的说明的。据僧肇的《不真空论》和嘉祥吉藏的《中论疏》所说,则罗什以前已说明般若之空的学说,有三家之义。所谓三家之义,即本无义、心无义、即色义这三者。

第一的本无义,《中论疏》上说是琛法师的学说,惟僧肇则云是竺法汰之说。可是,大概竺法汰即竺法深之误,琛法师即深法师之讹。竺法深原名是道潜,法深即其字。他初学于中州名僧刘元真,年二十四岁讲《法华》及《大品般若》(恐怕是《放光般若》吧),晚年隐于剡山(在浙江绍兴府),讲大乘经典及老庄,晋宁康二年(公元374年),年八十九岁卒。他的本无义,据嘉祥的《中论疏》这样说明:所谓本无,是未有色法之前,先有无,故由无而出有。即无,在有之前,有,在无之后,故称本无。这恐怕是用《老子》的“天下万物生于有,有生于无”思想来解释般若的空,据此,般若所说的诸法皆空,乃指诸法,即现象的本体为无。

第二的心无义,据《中论疏》说,这是温法师之说。在惠达的《肇论疏》上说,这是竺法温之说。竺法温,恐怕就是高僧法的竺法蕴吧。据传:竺法蕴是竺道潜的弟子,人悟解玄,并善《放光般若》。他的心无义,在惠达的《肇论疏》上这样说明:有,有形者也;无,无象者也。有象者,不能谓为无;无形者,不能谓为有。经中称色无者,但止其心,不以外色为空,如内停其心,不想外色,即色想废。据此,法蕴的心无义,般若经典中所说的一切色法空,似乎不是说一切现象是空无的,而是说,如虚我之心，则色想止。这恐怕取自《老子》的"故常无欲以观其妙"（第一章），又取自其下的王弼注："妙者微之极也。万物始于微而后成，始于无而后生，故常无欲空虚，可以观其始物之妙。"

第三的即色义，是支遁之说。据传，支遁原姓关，字道林，岁十五而出家，晚年游吴，建支山寺，后投于剡山，在沃州小岭建一寺，后又移居于石城山，惟及至东晋哀帝即位（公元362年），便应诏入都，住于东海寺，讲《道行般若》，逗留三年即辞都，入余姚之山中（一说是剡山），年五十三而卒。他逝世的时候，即在东晋废帝太和元年（公元366年），故他大概较之竺道潜年少二十八岁。他的老师是谁，尚不明白，惟他给一个人信中说：

> 上座竺法深，中州刘公之弟子……弘道之匠也。顷以道业靖济，不耐尘俗，考室山泽，修德就闲。今在剡县之仰山，率合同游，论道说义，高栖皓然，遐迩有咏。

他也喜欢剡山，大概是倾慕竺道潜的吧。他有《道行旨归》《即色游玄论》《庄子逍遥篇注》等著作，所以，他一定亦是般若学者，而精通老庄的人。惠达的《肇论疏》引用他的《即色游玄论》，这样说："吾以为'即色是空，非色灭空'，此斯言至矣。何者？夫色之性，色虽色而空。如知不自知，虽知恒寂也。彼明一切诸法无有自性，所以故空。"

照此看来，支遁的见解：《般若经》所说的"即色是空"，并不是否定色（万物）的实在，而是，万物是实在的，惟我们所认识的万物的形态，不能决定即其本性。因为，一切诸法，时时刻刻都是变化的，以瞬间的形相，不能立刻说是诸法的实相。因而，他的《即色游玄论》这样说，人不宜固执瞬间的形相，而应该游于玄虚之境。他的《逍遥游注》，便是从同样的意见去解释《庄子》。

随如以上三家之义，便产出了道安的本无义。道安的"本无义"，所叫的名称虽与竺法蕴的"本无"同样，但其见解大不相同。道安俗姓卫氏，是常山扶柳（今直隶冀州西南）人。初学于邺都中寺的佛图澄，后移居山西诸方，晚年居于湖北襄阳，十五年建檀溪寺，从事讲学，惟建元十五年（公元379年）苻坚陷襄阳之际，为苻丕所获，后住长安五级寺，太元十年（公元385年）七十三岁而卒。他的著述有二十余种，讲说各种的经典，其中特别尽力的，便是般若的经典，其《摩诃般若波罗蜜经抄序》这样说："昔在汉阴十有五载，讲《放光经》岁常再遍，及至京师，渐四年矣，亦恒岁二，未敢堕息。"（见《出三藏记集》卷八）就此来看，可知他对《放光般若》是如何热心的了。他既研究《放光般若》，犹有不甚解之处，故努力欲得竺叔兰、无罗叉所译出的《光赞般若》，委托当时将作天竺之行的慧当、进行、慧辩三人，在凉州代抄录之，再与之对照，作《略解》（《出三藏记集》卷七《合放光光赞随略解序》），从此可见其研究的态度。他这样潜心于般若的结果，似已很理解般若的真意，于是便提倡新的本无说。

他的弟子之中有著名的庐山慧远，慧远亦承继他的本无说。关于
道安和慧远的本无说，慧达的《肇论疏》这样说：

> 如来兴世，以本无弘教。故方等深经，皆云五阴本无。本
> 无之论，由来尚矣……谓无在元化之前，空为众形之始……夫
> 人之所滞，滞在未有……若托心本无，即异想便息。（以上道安
> 本无论）因缘之所有者，本无之所无，本无之所无者，谓之本
> 无。本无与法性同实而异名也。性异于无者，察于性也；无异
> 于性者，察于无也。察性者，不知无；察无者，不知性。知性
> 之无性者，其唯无察也。（以上慧远本无论）

对照此二段文章来看，便可明白道安的本无之意义何在。因
为，道安在大乘经典上所说的一切诸法是空或无，并不是否定现
象的存在，而是说，一切现象都由因缘和合而生，这因缘和合所
生的万物的形相，时时刻刻都变化，毫无定所，因此，万物无本
性，万物的本性乃不变不易的，是超越人类的认识的。由此可知，
道安的本无义和支遁的即色义的意义略同。于是，嘉祥的《中论
疏》上这样赏赞说，道安的本无和支遁的即色，名虽异而实相同，
与后起的罗什门下僧肇的不真空之说的意义相同。

对照上述三家之义和道安之本无义来考察，则随着从竺法蕴
的本无义进到心无义，从心无义进到即色义及道安的本无义，便
可看见思想一步一步地进展。即最初的本无义，乃借老子哲学去

说明般若的"空"，把"无"看作诸法的本体；其次的本无义，乃借王弼的《老子义》，说明了"空"乃是人类虚其心；最后的支遁和道安，便在认识论立场去解释"空"的意义，人类所看到的诸法的形相不是其真性。念及至此渐涉及般若的本义之时，便可想象到老庄的哲学是如何地帮助对般若的理解，同时又可知道，老庄思想和般若思想的不同点在哪里。要之，老庄的无，都是就本体论去说无，惟般若的空或无，乃就认识论而说的，这便展开了佛教和老庄的分水岭。然而，最初的学者，不理解这区分，立刻以老庄去说明佛教，及支遁、道安既出世，渐次注意这点，深入佛教精神而前进。这种精神，及至其后罗什渡来，翻译出龙树提婆的大乘论，更明了地被意识了。

罗什具称鸠摩罗什，龟兹国人，七岁出家，九岁入罽宾国，留止而学习小乘，三年而归，归途中渡月氏、疏勒，至莎车国，学习大乘，其后由温宿国归龟兹，住于王新寺，再而迁居雀梨大寺，广诵大乘经典，弘始三年（公元401年）来长安，弘始十五年（公元413年）卒于长安大寺。他在长安十三年间所译出的经典甚多，或说三十九部甚至七十三部，其中最著名的：

一、《新大品经》二十四卷。（或说，《摩诃般若波罗蜜经》四十卷）

二、《新小品经》七卷。（或说，《小品般若波罗蜜经》十卷）

三、《大智度论》百卷。

四、《空论》四卷。

五、《十二门论》一卷。以上三种龙树著。

六、《百论》二卷。提婆著。

七、《新法华经》七卷。（或云，《妙法莲华经》八卷）

八、《遗教经》一卷。（或云，《佛垂般涅槃略说教诫经》一卷）

据他的门人僧叡所说，罗什曾说过，《般若》除其虚妄；《法华》开一究意；《泥洹》阐其实化：此三津开照，照无遗矣。故他似乎认为以《般若》《法华》《涅槃》这三经，相互辅足，便成为完全的教理。涅槃部分的经典，仅译出《遗教经》一卷，故他的教理的中心，必定还是在般若和法华。尤其是般若，既已译出《大品》（《放光经》及《光赞般若》的别译）和《小品》（《道行经》的别译），更翻译了根据般若经典而讨论这部分的书籍，即《智度》《中百》《十二门论》等，在这许多书中便可探出般若部分经典的真意，故这方面的学问，在他的门人中特别发达并不是偶然的。罗什门人三千，优秀者不乏其人，惟当中以僧叡、僧肇、道融、道生等四人，称为什门四哲。兹将四哲的门生，列系谱于下：

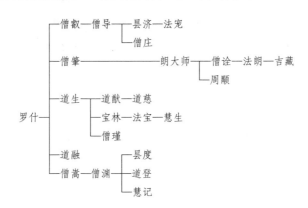

　　四哲中的僧叡与僧肇，罗什殁后犹止于关中，惟道生则随其同学慧叡、慧严、慧观等归江南，有如系谱所示的后继者。道融归彭城，据传，从其讲说之门弟盈三百，惟其门弟之名不传。但《魏书·释老志》有云，彭城白塔寺有僧嵩、僧渊等传授罗什之学。故此等或许是受道融之感化的。关于道生、道融之后学，今无特说之必要，惟从僧叙和僧肇之门，发展到三论宗，这是应该注意的。

　　僧叡是注大、小品《般若》，作《智度》《中百》《十二门论》之序文的人，原来是三论之至人，其门人僧导亦曾直接师事罗什，晚年住寿春东山寺，作《三论义疏》，导的弟子僧庄又传师说，作《中论文句》。导之弟子又有名昙济其人，继师之后，居于东山寺，其后渡江入中兴寺，集道俗之信仰。昙济有名为《七宗论》的著述，嘉祥的《中论疏》亦曾引用之，其内容乃敷陈批评僧叡的六家之语，由此已可知有僧叡至昙济的三论一派。

　　僧肇乃京兆人，罗什来姑藏时，即叩其门，罗什来长安后，常助其翻译事业。其著作有：《般若无知论》《物不迁论》《不真空论》及《涅槃无名论》四篇论文，又有《维摩经》之注，当中的《不真空论》，乃批评本无、心无、即色三家之说，最后说，万物不是真物，故是空。其后高丽朗大师其人，在关中学习僧肇此说，传之于江南，得梁武帝之尊信，授之于止观寺僧诠等十位名匠，又教授隐士周颙，因此，周颙便著作《三宗论》，僧诠门下，皇兴寺法朗之弟子出嘉祥寺之吉藏，遂由吉藏即嘉祥大师集大成为三论宗了。因而，江南集大成的三论，和以北地寿春为根据地的僧叡、僧导派是不同的系统，嘉祥把僧导一派诸师称为北土三论师。

嘉祥大师吉藏，梁太清三年（公元549年）生于金陵，七岁做法朗之弟子，三十三岁时，师法朗入寂，故从此游吴越之境，住嘉祥寺，张其讲筵，隋大业二年（公元606年）奉炀帝之敕，入长安慧日寺，再移居日严寺，及至隋亡而唐兴，受高祖之优遇，武德六年（公元623年）七十七岁而殁。嘉祥一生中讲《三论》共一百余次，讲《法华》共三十余次，著作其注疏达四十余部之多，当中最著名的，乃是《中论疏》二十卷，《百论疏》九卷，《十二门论疏》六卷和《三论玄义》二卷。盖上者三种乃是《中》《百》《十二门》之解释，后一种是其概论。于是，借《三论玄义》，便可知此宗之要点。

据《玄义》所说，此宗的经典，是《中》《百》《十二门》这三论，其义不出破邪与显正这二辙，破邪乃是使之离开一切固执之教，即使之离开一切固执便是显正，此宗之要义，均归于破邪之一途。于是，玄义中便打破（一）外道、（二）毗昙、（三）成实、（四）大执这四者。当中其后三者，乃批判嘉祥以前中国所发生之佛教，而最初之外道，乃破佛教以外的哲学宗教，其中分为天竺之外道和震旦之外道而破释。而《玄义》为破释外道，便并列佛教与外道之不同点六条，呼之为"六义"：

一、外但辨乎一形，内则朗鉴三世。

　　二、外则五情未达，内则说六通穷微。

　　三、外未即万有而为太虚，内说不坏假名而演实相。

　　四、外未能即无为而游万有，内说不动真际建立诸法。

　　五、外存得失之门，内冥二际于绝句之理。

　　六、外未境智两泯，内则缘观俱寂。

　　这里所谓内，即指佛教，外，是指震旦之三玄，即《易》和《老子》及《庄子》。《易》乃代表儒家哲学，《老子》和《庄子》乃代表道家哲学。在如上六条当中，似乎一、二、五主要是论儒和佛之优劣，三、四、六是论佛道之优劣。据此，道家哲学和佛家哲学之差异：第一点，道家把万有之本体叫作太虚，认为万有是有为的，太虚是无为的，而区别着本体和万有，反之，佛教，特别是三论宗，说假名（现象）即实相，认为诸法即是真际之发现；第二点，儒家承认主客两观，道家否认客观，惟为着尚不否定客观，故不能除去固执，惟《三论》中则主观和客观皆否定，故没有固执。要之，道家由于立在本体论的立场而否定现象，去阐明本体，佛教则立于认识论的立场，否定了一切，结果，肯定一切而展开假名即实相之哲理。

　　以上我们已说明了：依老庄哲学而引起关心于般若，由于内地出了道安、支遁，从外地迎罗什之东来，便立刻丢过老庄之樊篱而走入般若堂奥之径路的概略，从此再转方向，一看老庄学自体如何地发生变化。

魏晋以来，老庄学极全盛，出无数《老》《庄》的注释书，既如前所述，惟至罗什东来以后，出很多由佛教学者所著的老庄书籍。试列记其主要者如下：

一、沙门罗什注《老子》二卷。

二、僧肇《老子注》四卷。

三、释慧观《老子义疏》一卷。

四、释慧琳注《老子》二卷。

五、释慧严注《老子》二卷。

六、梁武帝《老子讲疏》六卷。

七、梁简文帝《老子私记》十卷，《庄子讲疏》二十卷。

八、周弘正《老子讲疏》六卷，《庄子疏》八卷。

九、张讥《老子义》十一卷，《庄子内篇义》十二卷，《外篇义》二十卷，《杂篇义》十卷，《玄部通义》十二卷。

以上九家之中最初的五家，都是罗什或罗什门下的学匠，是佛教特别通达般若的人们，故其《老子》注释，大概也是用般若思想去解释的。其次，梁武帝是最初信奉成实，其后由南地三论的开拓者法朗大师而皈依三论的人，简文帝又是他的儿子，故两帝的《老庄》义，大概会有三论的影响的。两帝之讲疏，至今不存，故不明其详，而杜光庭的《道德经广圣义》说，梁武帝的《老子义》，以"非有非无"为宗，故可想象他是用三论思想去解释的。又嘉祥的《三论玄义》中有条问答，大意说：

问——伯阳之道，道曰太虚；牟尼之道，道称无相。理源既一，则万流并同。什肇抑扬，乃诮于佛？（此王弼旧疏，以无为为道体）

答——伯阳之道，道指虚无，牟尼之道，道超四句。深浅既悬，体何由一？盖是子佞于道，非余诮佛。

问——牟尼之道，道为真谛，而体绝百非。伯阳之道，道曰杳冥，理超四句。弥验体一，奚有浅深？（此梁武帝新义，用佛经以真空为道体）

答——九流统摄，七略该含，唯辨有无，未明绝四（句），若言老教亦辨双非，盖以砂糅金，同于盗牛之论。（周弘政、张机并斥《老》有双非之义也。）

熟读玩味这两个问答，可知梁武帝的《老子义》，乃根据僧肇以来的三论义的。

其次，周弘正（或作周弘政），是《三宗论》的著者周颙之孙，张讥（或作张机），是周弘正的弟子，就这去看，一定曾精通三论教义的。据说，周弘正之讲疏，乃奉赞梁武、简文之义，张讥更承继弘正之义而出新见解的，此二人均甚理解佛教与老庄的区别之人，认为老子无双非，即无否定之否定，这可依上面所引用的《玄义》的注文可明了。

要之，周弘正和张讥那样的公正学者，甚理解佛道双方，一定会深知其差异点的。一般心醉于佛教哲学的学者中，有欲依佛教哲学而说明老庄的，例如，梁武、简文便是其代表者。于是，般若的思想，最初在魏晋之际，由于老庄哲学之援助，渐得到似是而非的理解，惟至东晋时，理解既进步，遂明白般若思想与老庄区别之点了。相反的，至六朝末，便有欲依般若哲学去说明老庄的倾向。由此可看见，在六朝之际，老庄全盛之思想，渐次变化为佛教全盛之时势。

第十六章

道教之成立

　　梁刘勰说，道家可区分为三种：（一）标榜老子的，（二）祖述神仙之说的，（三）祖述张陵的。惟所谓道教，大约是混合此等三种要素而存在。第一标榜老子的，即信奉老庄哲学的，先秦道家学者及魏晋时老庄学者皆属之。第二的神仙说，乃是由战国时燕齐海岸的方士所产生的迷信，大概以现于渤海湾上的海市蜃楼为根本，首先发生了蓬莱、方丈、瀛洲等仙山之传说，这传说和邹衍的九州五行说相连结，遂形成了访寻长生不死之仙药的迷信，此说最昌盛，乃在秦始皇帝时代。惟其后汉武帝决定以儒家做国家教育大方针，道家及神仙家之徒，便渐次在中央失却势力，大都集于淮南王之门下。淮南王门下所搜集的书籍，有《淮南子内外书》和《中书》，前者乃以道家之学为中心，而折中诸家的著作；后者是宣说神仙使鬼炼金及邹衍的重道延命法，故《淮南中书》之作者，皆是神仙家之徒，可知神仙家之徒皆聚集于淮南王门下。此等神仙家之徒，在两汉盛时不大活动，惟至后汉末，似乎又采取各种形态而抬头了。于吉的《太平清领书》，可见其一例。

谓《太平清领书》，乃琅琊于吉其人者，在东海曲阳发现了神书，全体分为甲、乙、丙、丁等十部，每部更分为十七卷，合计由一百七十卷而成，每卷在白底上书红界限，写以文字，青褾装，用红字标题，其内容乃说"以阴阳五行为家，而多巫觋杂语"。所以，大概是类似《淮南中书》等的东西吧。这神书在后汉顺帝之时，于吉之弟子宫崇献于朝廷而不用，次在桓帝延熹九年（公元166年），有襄楷其人者，上奏而极赞美此神书，朝廷犹置之不显。其后至灵帝光和年中（公元178—184年），张角和张修便根据这书而开始一种宗教运动。魏文帝的《典略》，曾说明他们的运动，这样地说：

> 光和中，东方有张角，汉中有张修。……角为太平道，修为五斗米道。太平道者，师持九节杖为符祝，教病人叩头思过，因以符水饮之，得病或日浅而愈者，则云此人信道，其或不愈，则为不信道。修法略为角同，加施静室，使病者处其中思过。又使人为奸令祭酒。祭酒主以老子五千文，使都习，号为奸令……请祷之法，书病人姓名，说服罪之意。作三通，其一上之天，着山上，其一埋之地，其一沉之水，谓之三官手书。使病者家出米五斗以为常，故号曰五斗米师。（《三国志·张鲁传》注引《典略》）

后汉末轰动天下的黄巾之乱，即张角一派的反乱，故不能不想象其势力是很大的。张角之乱，不久为曹操所平定，其次，张修亦据巴郡而起反乱，不久张鲁又起而代之。张鲁是沛国人，其道乃是其祖父张陵在蜀鹤鸣山中修业而悟得的，传之于其子张衡，更传给张鲁的。据《三国志·张鲁传》，张鲁之道亦是五斗米道，故大概和张修同样是宗教团体，或说，据裴松之的《三国志注》，张修即是张鲁之父张衡之误。要之，张角、张修、张鲁之道，是诵读《老子五千文》借思过符水而疗病的一种宗教闭体，这便是道教之起源。

在后汉末，除三张之道以外，有类似于此的异术起于四面八方。例如：颍川郗俭这样主张——借不食谷米而食茯苓，便可保其长生；甘陵之甘始提倡依行气吐纳的返老还童法；庐江的左慈说借补导术的长寿法，此等皆可说是《淮南中书》之遗教。左慈之弟子吴地之葛玄，玄之弟子郑隐（字思远），隐之门人晋葛洪，提倡与三张之道不同的一派道术。葛洪是著名的《抱朴子》的作者，《抱朴子》分内外二篇，其终有叙，谓内篇说神仙、方药、鬼怪、变化、延年、禳邪、劫祸之事；外篇述说世间之得失、世事之臧否，故可知《抱朴子》之内容，大体上与《淮南中书》差不多。

原来从左慈至葛洪一派，乃属于与三张之道不同的别派，前者重养生法，以制造丹药为主眼；反之，后者重祈祷，尊重符咒。检点《抱朴子·遐览》篇所列的道书目录，则葛洪所收集之道书，凡二百九十一部，将它区分为三类：第一类有道教之教诫书二百六部，第二类有符五十六部，第三类有丹法之书二十九部，其中亦包含有于吉的《太平清领书》一百七十卷（《抱朴子》单记《甲乙经》一百七十卷），故可知葛洪当时，已综合着三张之道和左慈、葛玄之术了的。《抱朴子》之后，北魏出寇谦之，便改革三张之道而确立道教了。寇谦之是得到北魏世祖太武帝的敬信之人，据他自己所说，早好仙道，修张鲁之术，勤服食饵药，但没有效果。其后既见仙人成公兴在嵩山修业，一日太上老君从天降，授他以天师之位和《云中音诵新科之诫》二十卷，又使玉女教服气导引之法，因此，废除谷食而得体气盛轻、颜色鲜丽，其后又有称为老君玄孙李谱文，授予《录图真经》六十卷和销炼金丹云英八石玉浆法，献之于太武帝。于是，太武帝显扬寇谦之的新法，宣布于天下，帝自身亦临道坛受符箓。从此寇谦之的道，盛行于北魏，其后，循例每在帝即位时必授符箓。如上事实，乃根据《魏书·释老志》及《隋书·经籍志》而述其要点的，惟他所说太上老君授予的《新科诫》二十卷和李谱文所给予的《录图真经》六十卷及销炼金丹等之法，是未见于《抱朴子》所列举的道书中之书类，其内容或许抄袭从前道书之点很多，显然的已加以若干新修订了。《魏书》又说，他受太上老君的《新科诫》之际，老君命他说："汝宜宣吾新科，清整道教，除去三张伪法、租米、钱税及男女合气之术。"又对于李谱文所授之书说："古文鸟迹，篆隶杂体，辞义约辩，婉而成章。大自与世礼相准。"综合起来，便可想象到他改革三张之道，使之适合时世的事实。寇谦之殁后经二十三年的宋明帝太始七年（公元471年），陆修静作道书目录，其次在北周天和四年（公元570年），又出现了称为《玄都观目录》的道书目录，根据此《玄都观目录》说，则当时道书数额上二千四十卷，故大概晋至北齐之间已增加了许多册数的了。《玄都观目录》，把道书二千四十卷来分类，区分为三洞，所谓三洞，即是洞玄、洞真、洞神这三部。据玄嶷的《甄正论》说，洞玄是说理契真之书，洞真则诠注法体实相，洞神乃记载符禁斋醮之类。据北周道安的《二教论》，以《上清经》做洞玄部分之代表，以《灵宝经》做洞真部分之代表，以《三皇经》做洞神部分之代表。《上清经》乃托于葛玄，《三皇经》记载符禁斋醮，且述三张之道。就这一点来推测，则洞神部大体是承嗣三张之道教的，洞玄部大体是祖述葛玄之术，又洞玄部之中，亦包括着道家关系的诸子之书。故可想象到：洞玄、洞神这二部，既综合了左慈、葛玄派与三张派，又加入了老子、庄子等诸子，即道家的哲学文献。洞真部的著述，是比较新的文献，似乎此中也溶化着佛教大乘经典，特别是抄袭了《法华》《维摩》等经典而编入。例如，洞真部《灵宝妙真经》之偈有云，"假使声闻众，其数如恒沙，尽思共度量，不能测道智"，这乃从《法华经·方便品》第二"假使满世间，皆如舍利弗，尽思共度量，不能测佛智。……如稻麻竹苇，充满十方刹，一心以妙智，于恒河沙劫，咸皆共思量，不能知佛智"换骨夺胎出来的。这不仅有文章之类似，其思想亦很溶化地混杂。从此，在道教之中，三张之符醮和左慈、葛玄之神仙养生术及老庄哲学结合着，同时，又不能不承认其把佛教思想及经典改变了形态而吸取的事实。因此，便可想象到道教取如何的径路而发展成宗教的了，这里我所得的结论：道教之发生，乃从最初的张陵至张鲁的符咒祈祷之俗信，其次采入葛玄的神仙养生术，再次结合了魏晋之时风靡一世的老庄哲学，最后以佛教教理去修饰，便形成了宗教。其过程乃后汉末至六朝末约三百年间完成。

就道教发展之历史来看，其所主张的是否和老子有关系，实在是疑问。然而，既完成之后的道教学者，自称他们是祖述老子的。而为着老子姓李，唐室又是李姓，唐朝诸帝便以老子为祖先，而尊信道教了，太宗以老子位于释氏之上，高宗尊老君，追号太上玄元皇帝，玄宗自著《老子》之注，刻立石碑于诸州的道观。又在明胡元瑞的《笔丛》四十卷中说，引《宋三朝国史志》，在玄宗开元年间编纂《道藏目录》，而赐名《三洞琼纲》，大概这是指道藏编纂的事情。原来，《道藏》乃模仿佛教《大藏》而编纂的，其分为洞真、洞玄、洞神这三洞，乃模仿释藏之区别经律论为三藏，又三洞各分为十二部，凡区分为三十六部，这亦是按照佛教十二部经而分。至唐朝遂这样编纂道藏，乃表示道教地位已和儒、佛两教抗争而对立的事实。

第十七章
经学之统一

　　我在第十二章中已经说过，两汉的经学，为后汉末大儒郑玄所统一了。《周易》《毛诗》《三礼》，郑玄都作注，惟《春秋》则不注。可是，与他同时代的学者服虔，则有《左氏春秋》之注，传服氏之注，乃得郑玄的草稿而作成的，故依此可以补足郑注之缺，因此，综合郑氏之《易》《书》《诗》《三礼》之注和服氏的《左氏春秋》，可看作郑玄的经学。

　　然而，至魏朝时，王肃每事都反对郑玄而写诸经之注释。王肃的注解，现在皆散佚而不传，惟兹有一宜注意者，乃《尚书》的孔安国传。所谓孔安国传，乃由东晋的梅赜而出世的书，清初的考证家阎若璩则断定这是梅赜的伪撰。但其后丁晏又举出这书已存在于梅赜以前的证据，指出其传意多数与王肃的意见相合，而想定其是王肃的伪撰。然而，丁晏的假定，证据尚不充分。王肃的门人有名孔晁的学者，作《逸周书》之注，此人又有《尚书疑问》三卷的著作，《隋志》云，这是王肃、孔晁之共撰，惟《新唐志》又注云，这是王肃、孔安国的问答录。因此可知，孔晁的字，是安国。于此，我想《尚书》孔安国传便是孔晁传。如果他是孔晁，则他和王肃的意思相符，亦是当然的，又它存于梅赜以前，也无怀疑之必要。总之，《尚书》的孔安国传，确系与王肃有因缘之注。

第十四章已略述过，魏王弼作《周易》之注，晋韩康伯补之。降至晋朝，杜预著《左氏春秋经传集解》三十卷。据《集解》之序云，杜氏收集刘子骏（名歆）、贾景伯父子（贾徽与贾逵）、许惠卿（名淑）、颖子严（名容）诸人之注而作之，没有说到服虔之事。但据清儒丁晏的《左传杜解集正》云，其偷窃服注为己说者甚多，但阅其礼制时，亦发现有孔安国传《尚书》依照王肃说的形迹。因而，魏晋之际著名的经注有三：第一为《周易》王弼注，乃借老庄思想去改解旧说；其第二的《尚书》孔安国传与第三的《左传杜氏集解》，都是依王肃义而改易郑学的。因为晋武帝之母文明王皇后，是王肃之女，武帝是王肃之外孙，所以，晋一代经学是尊重王肃的，于是遂采用了袒护王肃的《杜氏集解》和孔安国传。

惟及其后，晋迁都江南，北魏兴起于北方，北魏道武帝重经学，立太学，置五经博士，其后，为着历朝都奖励郑学而重视之，从此南北两朝的经学便发生了明了的区别。《北史儒林传》曾说及此区别：江左《周易》则王辅嗣，《尚书》则孔安国，《左传》则杜元凯；河洛《左传》则服子慎，《尚书·周书》则郑康成，《诗》则并主毛公，《礼》则同遵郑氏。如果要更简单评价，可以说北方是纯郑学，反之，南方则混合工肃、王弼之学。其后，南方东晋亡，宋、齐、梁、陈四朝相继兴起，北方的北魏则分为西魏、东魏、北周、北齐，遂出现了史家所谓南北朝时代。经过了南北朝时代，经学亦确然存有南北之区别了。

北学代表者试述徐遵明。徐遵明，字子判，华阴人，为求学而至上党从屯留王聪，学《毛诗》《礼记》《尚书》一年，其后屡易其师，亦不能满其意，遂闭户读《孝经》《论语》《毛诗》《尚书》《三礼》，后又得《服氏春秋》而研究之，著《春秋义章》三十卷，人称为海内儒宗，永安二年（公元529年）为乱兵所杀，时年五十五，遵明以《易》授庐景裕，在景裕门下有权会、郭茂二人。传其后讲《郑氏易》者，皆出自此二人之门。在遵明之门下，又有李周仁、张文敬、李铉、熊安生，其后李铉做北齐文宣帝时的国士博士，著《孝经》《论语》《毛诗》《三礼义疏》《三传异同》《周易义例》等共三十余卷，熊安生亦做北齐的国士博士，其次做北周的露门博士，著《周礼义疏》二十卷，《礼记义疏》三十卷，据说，其后通《礼经》的学者，多半是熊安生的门下生。与遵明同时的学者有刘献之，著《三礼大义》四卷、《三传略例》三卷、《注毛诗序义》一卷及《章句疏》三卷，是博学之士，特别擅长《毛诗》。传之于李周仁，李周仁传于程归则，程归则传于刘敬和、刘思轨，闻其后谈《诗》者多数出自二刘门下。总而言之，北学皆宗徐遵明、刘献之，都尊奉郑学。

南方宋、齐二朝之际，为着不重视儒学，故关于经学不必论述。但梁武帝在天监四年（公元505年），开五馆，立国学，任命明山宾、陆琏、沈峻、严植之、贺玚为五经博士，各人主持一馆，教授五经，因此，经学顿然勃兴了。当时学者著名的著作可列举者：崔灵恩有《三礼义宗》三十卷，《左氏传义》二十二卷，皇侃有《礼记义疏》五十卷，《论语义疏》十卷，戚衮有《礼记义》四十卷，顾越有《毛诗》《孝经》《论语》等义疏四十卷，费甝有《尚书义疏》十卷，张讥有《周易义》三十卷，王之规有《左代春秋义》四十一卷，此等著作中，《礼》和《诗》都是用郑氏与毛氏所疏释的东西，这点与北方相同，惟《易》以王弼为主，《尚书》以孔安国为主，《春秋》以杜预为主，这点与北方完全不同，这里亦有南北经学之差异。

在《世说》的《文学》篇中，褚衮对孙盛赞云："北人学问，渊综广博。"孙盛答之曰："南人学问，清通简要。"但支遁闻之则评曰："北人看书，如显处视月，南人学问，如牖中窥日。"这已很适当地表现了南北学问之精神。支遁的意思大概说，北方的学者博览，而失其主要之点，好像在明显的地方看月，虽瞭望广大，而无明确的中心；反之，南人不能说是博览，惟把其要点，好像是从狭小的窗子看太阳，眼界虽狭小，而能明确地理解其要点。《北史·儒林传》亦把同样见解以"南人约简，得其英华；北学深芜，穷其枝叶"之句来表现。后世的考证家称，南学混有老庄思想，不是纯粹的儒学，在此评语中露出了不满之意，但想到当时思想界的形势，经学中混入老庄思想，似乎是不得已的，亦有人认为由此便提供了儒学的哲学基础。

南北两朝为隋所统一，隋朝学者刘焯（字士元）、刘炫（字光伯）二人，曾受《诗》于刘献之的三传弟子刘思轨，问《礼》于徐遵明的门人熊安生，故他们原来是传北学的人，同时也兼习南学，及其作《尚书》之疏，便采用孔安国本。与此前后，姚文安及秦道静二人，亦开始整理《服氏春秋》，其后又兼讲《杜氏春秋》。就这些事实来看，大约学界的大势，已渐次倾向于南学。其后不久，隋亡而唐兴起，唐太宗忧虑经籍中文字多异同、经义多陷于分歧，便命颜师古计划统一经文，敕孔颖达等计划统一经义。于是，颜师古研究南北经本的异同，作颜氏定本，孔颖达等参酌南北经义，作《五经正义》，从此，经学便完全统一。然而，颜师古祖父颜之推之为人，乃初仕梁，后奔北齐，及北齐亡又事北周，而曾阅览了江南河北两本的人，检读其著作《颜氏家训》的《书证》篇，常以江南本为是，河北本为非；颜师古的定本，恐怕正是尊重其祖父的意见，而袒护江南本的。孔颖达是冀州人，幼时谙诵崔灵恩的《三礼义宗》，及长，从刘焯学经义，故他一定是袒护南学的人，一看在他监督下所编纂的《五经正义》，不仅《易》用王弼注释，《尚书》用孔安国传，《春秋》用杜预《集解》而作注疏，并且，在其既采用了郑注本的《礼记正义》中，比较北学的熊安生和南学的皇侃说："熊则违背本经，多易旧义，犹之楚而北行，马虽疾而去愈远矣。又欲释经文，惟聚难义，犹治丝而棼之，手虽繁而丝益乱也。"如此地抑制北学而发扬南学，由此去推测，唐初《五经定本》与《五经正义》，有人说是统一南北经学的，但大体上可以说是采用南学，因而，当时学者问会经学，从此一定，儒学的发展，遂告一段落了。

第十八章

隋唐之佛教

我们在前一章已叙述过，随着隋唐之统一，南北经义之异说，便为二刘、颜、孔诸儒所统一，又在再前一章亦叙述过道教的成立，甚至《道藏》亦编纂了，所以，在此必须说一说隋唐间成立了的佛教的著名宗派。

我在第十五章已大略叙述过，罗什的佛教是以般若及法华为津梁的，而在其门下，兴起了由般若与三论而形成着一宗派的三论宗这事实，故在此更说到由《法华》与《四论》而发达了的天台宗。所谓天台宗者，乃由北齐之慧文所创始、陈之慧思所承继、隋智颢所完成的宗派之名，以《法华经》做正依之经典。传其始祖慧文，凭着《中论》的三谛偈"因缘所生法，我说即是空，亦即为假名，亦是中道义"和《大智度论》中一切智、道种智及一切种智这三种智，具足于一心中之文，便理悟中道之理，故可想象到天台教理之根本与《三论》有深切的关系之事实。该宗大成者智颢，生于梁武帝普通三年（公元522年），入寂于隋文帝开皇十七年（公元597年），虽是较之三论的大成者嘉祥更大二十七岁的前辈，惟其主要著作，都是由其门人灌顶整理发表的。灌顶生于隋文帝天嘉二年（公元561年），入寂于唐太宗贞观六年（公元632年），故此宗之兴隆，是在三论宗之后。从其教义来看，天台较之三论是更前进一步的。灌顶所整理的智颉的主要著作，是《法华玄义》《法华文句》《摩诃止观》三种，总称为《法华》三大部。其中，第一的《法华玄义》，是论《法华经》之大义的，陈述五时八教之教判；第二的《法华文句》，乃说明《法华经》的意义的；第三的《摩诃止观》，乃从实践方面来看，而指示修行之规矩的。这么一来，三大部各个，虽其说示的立场不同，但不外是阐明"三谛圆融"之要旨，所谓三谛，乃空假中之三，认为这三者融合，便是一，这乃三谛圆融之说。如果就我们的常识来看，便认为万象实在的东西，即是"有"，但凡反映人类内心的影，却不是实在的，即是假的。然而，万象不一定完全不是实在的，它是超越人类认识的实在，用言语不能说明的东西，即是言亡虑绝的实在，故称之为空。力说这"空"之一字者，乃是般若，三论宗虽详说这一点，惟天台宗则更进一步。但是，所谓空，并非离开了假有的万象而存在的，假乃借空而存在的，即是说，假有的万象，不过是言亡虑绝的空的作用波澜而已，故假即是空，空和假，到底不过是表现真的实在之一面，于是，真实的实在，不能不在假、空合而为一之中。即是说，假、空、中之三谛，结局便是一个，这正是三谛圆融的思想。因此，天台是放弃了三论的消极的否定假有现象说。三论是主张：真实的实在，乃超越人类认识的，即是空。而天台却提倡：假有的现象，便是超认识的实在空的作用，故真的实在，乃是在相即空假之中。

这么一来，三论与天台是有消极和积极之别，要是追溯其根源，则同为依据罗什所翻译的经典，故可以说是罗什宗之一分支。但在唐太宗贞观十九年（公元645年），玄奘由印度归国，新翻译各种经典，指摘出旧译的缺点，故中国佛教界便到来一转换期了。玄奘所翻译的经典，达七十五部一千三百数十卷之多，其中最值得注意的，便是《成唯实论》十卷。所谓《成唯识论》，即指解释世亲的《唯识三十论》而完成其意义，世亲之后，在印度解释《三十论》的学者，有护法、难陀、安慧等十大论师，各个作各个的解释，似乎多少有意见差异。玄奘在印度留学中，蒙护法弟子戒贤的教授，归中国，正欲一一翻译十师的解释以传于世，惟其门人窥基，却认为这是成为学者之方法，便比其师玄奘更进一步，劝以护法之解释为基础，综合其他的九论师之说为一家，这如今称为《成唯识论》。窥基，贞观六年（公元632年）生于长安，玄奘归国后为玄奘门人，亲蒙玄奘之教，担任《成唯识论》之编译，同时，并著作《成唯识论述记》二十卷、《别抄》三卷、《枢要》四卷等，努力于此论的宣扬，永淳元年（公元682年）年五十一岁在长安慈恩寺入寂，世人称之为慈恩大师，称其宣扬之教说为唯识宗或慈恩教。

据《述记》，此宗区别于三时教，而判释一切经典。所谓三时教者，在佛成道之初，为打破外道凡夫之我执，而讲《阿笈摩》

（即《阿含》），称诸法为实有，此为第一时教；其次，佛为打破小乘实在之固执，而讲《般若》，称诸法皆空，此为第二时教；再次，佛为打破菩萨之空执与小乘之有执，而讲《解深密经》等，教以一切法，唯识为有，心外之法不存，此为第三时教。据说，前二时教，乃为接引之方便而说，只有第三时教是了义教。这恐怕是欲在三论、天台上更出一步的教判吧。

该宗里面，把"识"来分析，眼、耳、鼻、舌、身是五识，第六是意识，第七是末那识，第八是阿赖耶识，一共八识，认为一切现象都是八识所变的，八识中最初的五识是感觉，第六识是心理作用，第七识是自我的意识，第八识是包藏着前七识并因客观本质而起的种子，故称之为阿赖耶识，所谓阿赖耶识者，即是藏识之意。人类的心理现象，以及客观世界的一切，都是阿赖耶识所变化创造的。所以，只有阿赖耶识是实在，其他都是无。这般唯心的世界观，在罗什系的佛教中，还没有见过，乃至为玄奘所输入的新佛教。此宗虽曾极一时之盛，但不久便衰落，后继者绝灭，代之而起的是华严宗的繁荣。

华严宗是以《华严经》为本源而展开的宗派，《华严经》乃由与罗什同时来中国的觉贤（即"佛驮跋陀罗"）翻译了六十卷，以后关于《华严》的著作亦续出，惟借此而开辟一宗的，杜顺是最初，杜顺传于智俨，为贤首所完成。贤首，名法藏，唐贞观十七年（公元643年）生于长安，先天元年（公元712年）年七十一岁而入寂。他十七岁出家，数年后跟从智俨，从事于《华严》的研究。智俨在贤首二十六岁时已入寂了。贤首三十八岁时，天竺日照三藏（地婆诃罗）来中国，带来《华严》的梵本，由此方知旧译《六十华严》中有阙佚，证圣元年（公元696年）实义难陀来中国，当翻译此经时，他曾作记录助其翻译。而由于与日照及实义难陀交友，似乎曾获得许多智识。在他的著作中特别著名的，大概是《五教章》三卷、《探玄记》二十卷、《十二门论宗致义记》二卷、《起信论义记》三卷等。

《十二门论宗致义记》，虽是解释罗什所翻译的《十二门论》，但他并不抄袭从来的三论家嘉祥一派的见解，是根据其所听到日照三藏的新说而写的，其中引用日照之言，大意说，近代天竺那烂陀寺中，同时有二大论师，其说各异。其一为戒贤，远承弥勒、无著❶，近继护法、难陀，由《深密》等经、《瑜伽》等论，以明法相大乘，广分名数，利别三时教。另一为智光，远承文殊、龙树，近禀青目、清辨，由《般若经》《中观》等论，以显无相大乘，广辨真空，又以三时教开宗。据其说，佛最初为了小根，说四谛小乘法，以示心境俱有，在第二时，为了中根，说法相大乘，教以境空心有。最后，在第三时，为了上根，说无相大乘，论以心境俱空。三时各异其教，前二时是接引入的方便说，只第三时之教才是真了义，因此，法相大乘只是方便说。这样来抑压玄奘、慈恩之新宗。他在《五教章》中更使之发展而建立了五教十宗的教

---

❶ 无著，印度大乘佛教瑜伽行派理论家。又译无着。——编者注

判，今为便利计，表记五教批判如下：

```
一、小乘教……………阿含、婆娑、俱舍…………
                                              事法界
        相始教……深密、唯识…………
二、大乘始教：
        空始教……般若、三论…………        理法界
三、大乘终教…………楞枷、起信…………        理事无碍法界
四、大乘顿教…………维摩…………
五、大乘圆教…………华严…………            事事无碍法界
```

　　小乘教只是说明现象界即事法界，惟大乘教在现象之上说明本体即理法界。然而，虽然同样是说明本体的，可是，有使现象与本体对立，为说明现象之起源而有本体之说的，例如相始教；又有否定一切现象，认为它是空无的东西，而说明潜伏其内部的本体的，例如空始教。前者主要是现象的说明，到底是说明事法界，后者主要是说明本体，故它是说明法理界。但一到了大乘终教，便更进一步了，认为本体之理和现象之事，实际是一体的两面，不是分别开的，现象之事，毕竟是本体之理的作用动作，故离开了现象之事，本体之理是不可想象的，此称为理事无碍法界观。如果，本体和现象既是一体，则每一个差别的现象，都不能不是绝体的本体。如果一切现象都是绝对的，则一切现象便不能不是相互融通无碍，在华严宗方面，便称这道理为事事无碍法界观，说明了这事事无碍法界观的，唯有《华严经》，它是最进步的哲学。欲说明这事实，便是贤首的五教教判的目的。贤首为说明事事无碍之教理便主张十玄缘起，今已无余暇以说明之，仅略

言因陀罗网境界门，以示其一例吧。所谓因陀罗者，帝释天也，所谓因陀罗网者，即是盖在帝释天之上的穹形之网。这个网的结头结尾，都穿着如丸的珠，任何一珠都藏着其他一切珠的影，称之为一重累现。然而，藏在每个珠的无数珠影，不单是其他珠之影，而且是既藏着无数影的珠之影，这称之为二重累现。这么地，藏着三重、四重以致重重无限之累影，故举一珠，其他珠便自反映于其中。现象的一切事物，正如此珠一般，每一事物和其他一切现象都相依相属着，故虽举任何事物，其他一切都包含在内，这便见主张事事无碍的根据。一切事象，是事事无碍，故每一事象和其他一切事象是随伴及相透，而使每一事象成为实在，于是，虽拿任何事象来看，亦是绝对的实在，特别在主观的心理中找寻此实在的中心时，则可以说一切现象，都是一心法界内的缘起。这就是《华严》的法界缘起论。

以上已略论隋唐兴起了的佛教三宗，其中最初的天台，是实相论之极致，唯识是缘起论之代表，华严则综合实相论与缘起论而创立法界缘起论，这恐怕可称为中国佛教所到达之极致了吧。华严之教理，到下一时代，即入中国近代哲学之时代，影响于儒教，使构成了新的儒家哲学。

第十九章
中古期哲学之概观

中国中古哲学之特征，便是儒、佛、道三教保持相互交流而变化。

儒教最初受汉末经学之余风，屑屑拘于训诂文字之末节，惟不久便发生采入老庄哲学的新经学了。而这新兴之经学，随着晋朝之南迁而移到江南，在北方则留下了着重训诂的旧经学，故从此随着南北两朝之分立，经学亦分为南学和北学了。隋为着统一天下，经学亦自然地发生折衷的倾向，惟结果是南学占优势地位，及至唐朝，编纂《五经五义》，遂以南学中心的经学统一了。

其次，老庄哲学，帮助了对新来佛教思想中特别类似老庄学的般若思想之理解，遂促三论学之隆盛，三论学转而促进天台之兴起，惟为刚由玄奘揣返的唯识宗一转，遂形成了华严宗之成立。

最后，起于后汉末的民间的迷信，初则采用老庄的哲学，其后又采用了佛教哲学，从此便确立了称为道教的宗教。道教之确立和经学之统一及华严宗之成立，大体前后相差不远，完成于玄宗的以前初唐之际，至肃宗以后（公元756年），才开始向着不同之倾向，故以此为中古期之终结。由中古期移至近代初期，佛教与道教，都为着是宗教，便不绝发生势力之争，惟儒教为着是以政治道德为主的现世教，故与佛教分野不同，抗争比较的少。而唐朝的儒教，为着以南学去统一，故其中只有多少老庄哲学之影响，惟尚不至混入佛教之思想。然而，至近代期，便发生了欲改造既为初唐儒臣所统一固定的经学之意图，其结果，遂采入佛教之哲理特别是《华严》之理事无碍的思想，向着欲树立新儒教的倾向而行。

近代期 儒教革新的时代 ◇

第二十章

儒学之新倾向

初唐之学者孔颖达等奉敕以图经义之统一，已如上面所述。惟肃宗以后早已出现了不同意钦定经义的著述，例如：李鼎祚的《周易集解》，成伯玙的《毛诗指说》，啖助、赵匡、陆淳的《春秋说》都是。

《周易集解》的著者李鼎祚，《两唐书》亦无传记，不明其详，惟据《开元四部目录》的记载，其著作不载《集解》，乃集录子夏、孟喜以下三十五家之说，在其自序上说：刊辅嗣之野文，补康成之逸象。故显然是反对依王弼注的钦定正义的人。

成伯玙的生涯，亦不明，惟其《毛诗指说》，乃集四篇而成，分为《兴述》《解说》《传授》《文体》四项，其中曾分析《毛诗》之序，以为初一句乃子夏之作，其余则毛苌所续成，这乃宋苏辙疑《诗序》不是一人之作，郑樵和朱子，都舍《诗序》而解其诗的先驱，他们也属于反对严守《毛传》的钦定经义者。

啖助字叔佐，是天宝之末，曾做临海尉、丹阳主簿的人，博通经学，特长春秋学，考三家之长短，补充其缺点，作《春秋集传》及《统例》，其门人曾出赵匡、陆淳两人。啖助卒后，陆淳集其师之遗文，托赵匡检阅，作《春秋集例纂例》十卷，又曾著《春秋微旨》三卷，《春秋辨疑》十卷。今啖助之书已失而不传，惟陆淳之书犹存，依此已可窥探他们的见解了。据陆淳的见解，他们都否定了《左传》是左丘明之说这旧见解，又《公羊》《榖梁》亦是笔录口传者，故有错误；欲舍传而极力寻求经意。此亦可以说是反对尊重《左传》的钦定经义，成为宋朝孙觉之先河的。

以上三种著作之存留，乃唐人经说之幸存者，惟如果既承认其中有这般的倾向，那么，便可想象在中唐以后，会有不信服钦定经义之倾向了。随着对经学有这样的见解，对于儒教教理亦萌芽着新的意见了。可举为这新儒教之代表的，便是韩愈和李翱。

韩愈是穆宗长庆四年（公元824年）年五十七岁而殁的著名文章家，在其思想方面，亦是不落人后的人，他的思想，于见《原人》《原道》《原性》三篇之中。他在《原人》篇上说，生于天间者，有人与夷狄禽兽之类，其中人最优秀，被目为夷狄禽兽之主，人之为夷狄禽兽之主，因人有为人之道也。其次，在《原道》篇上，乃说人之道应该是如何。他在《原道》篇之首，区别着佛、老之道与儒之道，这样说：在一般称为"仁义道德"这四字之中，"仁"与"义"，是具体的概念（定名），所以有其内容，惟"道"与"德"，是抽象的名（虚位），故无其内容。儒家的所谓道德，是以仁义为内容的道德，反之，老子的特别的德则舍仁义，故是空虚的，这便是儒家的道德与老子的道德之差异点。其次，儒教是为达到相生相养之目的的教，故为着达这目的，便必须君、臣、民之阶级，即君出命令，臣传之于民，民从事于耕农，而贡租税于君，于是，人类便达到相生相养之目的，惟佛教则舍君臣之关系，离父子之系累，只求心之清净寂灭。然而，儒家方面，《大学》亦如此说："古之欲明明德于天下者，……先正其心；欲正其心者，先诚其意……"而努力使正其心，诚其意，这正是统治天下国家的功夫，不是离脱天下国家，而求心之清寂的。这又是儒与佛的相异点。因而，儒家之道，人类为达到相生相养之目的，守君臣父子之义，博爱众之道。然而，若问此道为何人所教，则这是尧、舜、禹、汤、文、武、周公、孔子、孟子等所相传之道。以上便是《原道》篇的要点，而其中说及尧、舜至孔、孟的道统及引证《大学》篇之文句，便是后起的宋学之先河。在此点上，我认为韩退之是新儒教之先驱者。他又在《原性》篇中论人性有上、中、下三品，上者纯善，中者混善恶，下者为恶，这仅是折衷孟、荀的性说，并无赞赏之价值，惟他的弟子李翱的性说，却有相当值得注意的见解。

李翱，字习之，是韩愈的侄婿，从学于韩愈的人，其著作有《文集》十八卷，在此注意的，只是《复性书》三篇。他在《复性书》上说，人性虽是善的，惟情则有善恶，故人亦为恶的。然而，若问本来纯善的性，为何而起恶情，他便说，人之性本来是静的，静时必无恶，《中庸》云"天命之谓性"，即指此性静之时。然而，此静性既动而起情之时便成为恶，故人类之道德，乃在于制止情之妄动，使归于本来之静。《中庸》所谓"率性之谓道"即此意义。又《中庸》说，诚乃天之道，诚者定之义，此亦以不动为道，即人无思无虑，则情无由生，《易》云"天下何思何虑"即指此。如人心寂然不动，则邪息自息，而惟性明照。然而所谓致心于寂然，并非闭其视听，乃视听清晰而后生见闻。不知则不为，心可寂然而光照于天下，《大学》曰"致知格物"即指此。物乃万物，格即到来，万物来五官而接之，则心明晰而辨之，仅辨之而毫不起情，即所谓致知。人如能致知，便可意诚、心正、修身、齐家、治国、平天下，即人宜不动其情，如一切不动情，则自然归于本来之静，此即复性之功夫。以上，乃是《复性书》之要点，其内容颇似程子的《定性书》，而李翱屡屡以《大学》篇及《中庸》篇为立论之根据，此亦似宋儒。于是，我认为韩愈及李翱乃是宋学之先驱。

第二十一章

佛教之新倾向

佛教有戒律、禅定、智慧这三面，称之为戒、定、慧三学。此三学乃相依相助，为戒而资定，为定而发慧，为慧而得证悟，此乃是佛教之教。然而至其后，便分离为特别注重慧方面的教理之学问及定方面的禅之宗旨了。以前所述的三论、天台、华严等，皆是以慧方面为主而使之发展的宗派，另一方面，使定方面发展的禅宗便独立起来。这可以说是佛教的新倾向。禅在中国之独立，乃从梁武帝时达摩东来而开始的，惟其最隆盛的，乃在唐以后。即达摩之后，五传出弘忍，由弘忍之门下，分为南北两宗，南宗慧能之门下出许多名僧，分为江西、菏泽、石头等派，从唐朝至宋朝，禅宗非常繁盛了。兹将禅之系统及分派，示表于下：

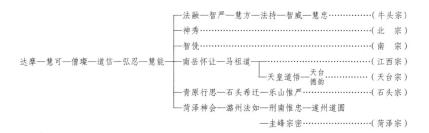

这只表记其主要的宗派，由此可知，禅如何地昌盛，而有若干分派的了。其中要特别注意的，便是表末的圭峰宗密。

宗密，俗姓何氏，唐德宗建中元年（公元780年）生于果州西充县，最初从菏泽宗道圆学禅，后在襄阳得澄观的《华严疏抄》而读之，遂游京师，做澄观之弟子，晚年住草堂寺，最后居寺南之圭山，武宗会昌元年（公元841年）六十二岁殁。他所师事的澄观，称为华严第四祖，著有《华严大疏》二十卷、同《演义钞》四十卷等，是宣扬贤首宗教义的学者，所以，他是一身兼修华严之教和菏泽之禅的人。他区分着大乘诸宗：（一）密意依性说相教（唯识宗），（二）密意破相显性教（三论宗），（三）显示真心即性教（华严宗）。这三宗，又汇类着禅诸宗：（一）息妄修心宗（北宗南侁），（二）泯绝无归宗（石头宗、牛头宗），（三）直显心性宗（江西、天台及菏泽宗）。这三宗，禅之三宗，乃以其各教之三宗的哲学为基础而建设起来的实践的宗教。兹将此关系示表如下：

（教之三宗）　　　　　（禅之三宗）

一、密意依性说相教（唯识宗）　息妄修心宗

二、密意破相显性教（三论宗）　泯绝无归宗

三、显示真心即性教（华严宗）　直显心性宗

据他说，凡属佛教，不论教或禅，都以了得佛心而悟心源为目的，前二教并无显示此，第三教则显示之。据说，一切众生，皆有空寂之真心，此真心本自清净的，明明不昧，了了常知，又永久不灭的，称为佛性，或称为如来藏。但众生为妄想所蔽，自己不能证得此真心，故佛悯之而显示之，此即是第三显示真心即性教。此真心，本来虽是不变常住的，惟同时有随缘而流转的作用，人们见此流转之形相而起固执之时，便成妄想，般若之经论所说的诸法皆空，正是为清除此妄想之教，此即是第二的密意破相说性教。然而，随缘流转之形相，亦不外是真心之作用，故其中不一定亡绝真心的，因而，在我们的妄想之中，觉与不觉亦和合而存在，此觉与不觉之和合，正是阿黎耶识（即是唯识的阿赖耶识）。在阿黎耶识之中，和合着觉与不觉，而形成人类的知识，故教之修行，使渐次去不觉而成觉，便是密意依性说相教。这般地批判了三宗之后，他以〇表真心，以●表妄想，以◉表阿黎耶识，将真心流转的径路及将修养之过程作图表，而此图表便暗示后起的周茂叔的太极图。

以上是宗密的《禅源诸诠集都序》所说的大略。他又在《原

人论》上，初则斥儒道之迷执，次则斥佛教的偏浅之说，三则从华严之教理而显，示真源，最后则会通本来，论偏浅的佛教家之说及儒道之别法，此真心虽是不生不灭的，惟其既出现了流转之形相，便起生灭之妄想，这不生不灭之真心和生灭之妄想和合而成一，便是阿赖耶识。阿赖耶识中有觉与不觉之两面，为其不觉而现业相，分为主观和客观，从此生法执。所谓法执，因自他之区别，在俗人名为我执，而以我执为原因，便发生贪爱嗔嫌愚疑之情，为着贪爱之情，便发生俗人之身心。一切现象，皆心识所变之境，藉其业相而分为二，一则与心识合而成人，一则离心识而成天地、山河、国邑等，在天、地、人三才之中，唯人是最灵的原因，乃其与心识和合之故。儒、道两教都说，人、畜等类，皆虚无大道所生成养育的，由大道生元气，元气生天地，天地生万物，所谓元气，乃是阿赖耶识之相分，即是对照之一，还不过是心识所变化的。儒、道两教只垂教于人身之现在，而不知人身之起因，因而，如儒、道之教在其上亦加以一心缘起之哲学时，自然会发生作为现世之教的意义。这便是《原人论》主张之大略。此中，说及人类之为最灵乃与心识和合之故这一节，被采入后世的周茂叔之《太极图说》中："万物生生，而变化无穷焉。……惟人也，得其秀而最灵。形既生矣，神发知矣。"

宗密之《原人论》，如其名所示，乃专究明人类之生起本源，宗密以前，韩愈虽曾有《原人篇》，惟韩愈只说人为天地间之主。然而，宗密根据一心缘起之哲学去说明人类之生起，所得的结论：

人类卓绝于万物上之所以，乃形体与心识之和合之故。这恐怕就是宗密超于韩愈之上的。宗密更比较儒教和道教说：孔、老、释迦，皆是至圣，随时应物，虽设教殊途，而内外相资，共利群庶，策动万行，惩恶劝善，同归于治，则三教皆遵行之。推万法，穷理尽性，至于本源，则佛教方为决了。此乃力说在穷理尽性之哲学方面，儒、道两家到底不及佛教。于是，其后周茂叔既出，鉴于宗密之论，便构成了儒家的新哲学。

第二十二章

宋学之勃兴

唐衰不久，五代之乱继起，故无学问思想之可言，及宋兴而统一天下，学者崛起于四方，发动了宋学勃兴之气运。全谢山的《庆历五先生书院记》中这样说：

> 有宋真、仁二宗之际，儒林之草昧也。当时濂、洛之徒方萌芽而未出，而睢阳戚氏在宋，泰山孙氏在齐，安定胡氏在吴，相与讲明正学，自拔于尘俗之中……安阳韩忠献公、高平范文正公、乐安欧阳文忠公皆卓然有见于道之大概，左提右挈，于是学校遍于四方，师儒之道以立。而李挺之、邵天叟辈共以经术和之。说者以为濂、洛之前茅也。

这已可以简单说明当时情势了。在此所记述诸人之中，特别要注意的，便是范文正公及欧阳文忠公。

范文正公，名仲淹，字希文，苏州吴县人，初从学于戚同文，后举为进士，任右司谏，其后辞司谏而移居于苏州，建立学校，聘胡瑗为教授，后累进，除参知政事，由友人石介推荐孙复为国子监直讲，皇佑四年（公元1052年）六十四岁殁。睢阳戚氏乃其师，泰山孙氏和安定胡氏，乃受其知遇的人。在此四人之间，学问思想有相通之点，是很有兴味的事情。戚同文的学问如何，尚不明了，惟其门下范仲淹，便泛通六经，尤通《易》，而又曾以《中庸》授与张横渠，故戚氏、范氏之学，恐怕就是以《易》及《中庸》为中心的吧。安定胡瑗亦有《易传》十卷，《周易口义》十二卷，《中庸义》等著作，故大概此亦为与范仲淹同调的学者。泰山之孙复，据其门下人石介所作《泰山书院记》中说："先生尝以为，尽孔子之心者《大易》，尽孔子之用者《春秋》，是二大经，圣人之极笔也，治世之大法也。故作《易说》六十四篇，《春秋尊王发微》十七卷。"故他在尊崇《易》这点上，可说与范仲淹同调。于是，以范仲淹为中心的一派学者，是藉《易》《中庸》而讲明义理，可看做周子、二程子之先导。

相对范仲淹一派的人们而言，另呈异彩的学者便是欧阳修。修，字永叔，安徽永丰人，仕于仁宗、英宗两朝，熙宁三年（公元1070年）六十六岁殁。修与其说是经学者，倒不如说是长于文学的人，其门下出曾巩、苏轼、王安石等文章家。然而，修亦不单是文人，亦有《周易童子问》《诗本义》《尚书本义》《新唐书》《新五代史记》等经学及关于历史的著作。他在《周易童子问》上说，《易》之十翼，不特非圣人之作，甚至不能认为一人之述作，恐怕是杂取从前的《易》学者之讲说而编纂的，而非难其采择失当，多害经惑世的。又在《进士策问》上申斥说，《中庸》徒构虚言高论，于世无益，违背圣人之意，故大约是子思之假作。修又作孙复及其弟子石介之碑志，似乎与此二人有深切关系，在其叙述孙复之文中，对孙氏关于《易》的学说，一辞亦不提及，只说他作《春秋尊王发微》，有功于春秋学的事实，且在最后激赏说，先生之治《春秋》也，不惑于传注，不以曲说乱经，其言简单，明诸侯大夫之功罪，以考时之盛衰，推见王道之治乱，得经之本义者甚多。恐怕修不好《易》，因而，关于孙复亦只是赞扬其《春秋》说，修自己亦作《春秋论》三篇，力说《春秋》三传多失经意，而说孔子之作《春秋》，乃为正名定分、别是非、明善恶的，在其所撰的《新五代史记》中，其记述乃仿《史记》，其褒贬乃仿《春秋》。综合这许多事实来推测，欧阳修的经学，乃以《春秋》为中心的，与范仲淹一派之尊信《易》《中庸》，可看作不同的流派。陈止斋的《温州淹补学田记》，有一节这样说：

> 宋兴，士大夫之学，亡虑三变。起建隆至天圣、明道间，一洗五季之陋……而守故蹈常之习未化，范子始与其徒抗之以名节，天下靡然从之，人人耻无以自见也。欧阳子出，议论文章，粹然尔雅，轶乎魏晋之上。久而周子出，又落其华，一本于六艺，学者经术遂庶几于三代，何其盛也，则本朝人物众多之故也！

　　这已可以简单地评价范、欧二派的学问之不同。范氏借《易》
《中庸》，去探求道德之本源，砥砺名节，集学习名节之人于其
门下，欧阳氏则高倡《春秋》褒贬之义，高论时事，集以议论文
章而鸣的人才于其门下，这可说是有兴味的对照了。陈止斋在此
二派之上，更立周子一派，惟周子一派的学者，均图借《易》与
《中庸》去阐明义理，这正是和范仲淹一派人们同调，故我把他看
作续范子之后。

第二十三章

道学——周张二程之学

周子一派之学问，世称为道学，《宋史·道学传》曾叙述其大略，大意说：

道学之名，古无是也。……孔子有德而无位，既不得使是道之用广被斯世，退而与其徒定礼乐，明宪章，删《诗》《书》，修《春秋》，赞《易象》，讨论《坟》《典》，使三五圣人昭明于无穷。……孔子殁，曾子独得其传，传之子思，以及孟子，孟子殁而无传。……至宋中叶，周敦颐出于舂陵，乃得圣贤不传之学，作《太极图说》《通书》，推明阴阳五行之理，命于天而性于人者，了若指掌。张载作《西铭》，又极言理一分殊之旨，然后道之大原出于天者，灼然无疑焉。仁宗明道初年，程颢及弟颐实生，及长，受业周子，已乃扩大其所闻，表章《大学》《中庸》二篇，使与《语》《孟》并行。于是，上自帝王传心之奥，下至初学入德之门，融会贯通，无复余蕴。迄宋南渡，新安朱熹得程氏正传，其学加亲切焉。大抵以格物致知为先，明善诚身为要，凡《诗》《书》六艺之文与孔孟之遗言，颠错于秦火，支离于汉儒，幽沉于魏、晋、六朝者，至是皆焕然而大明，秩然而各得其所。此宋儒之学所以度越诸子，而上接孟氏者欤。

由此可知，所谓道学乃起于周、张二子，为二程子所继承，为朱子集大成的学问，其特征乃极欲注重道统及借《四书》以发挥儒教之精神。所谓道统，即尧、舜、禹、汤、文、武周公之理想，为孔子所阐明，孔子之精神传于曾子、子思，为孟子所继承，惟孟子以后，传统已绝。于是，欲从《礼记》之中摘出《大学》与《中庸》，以之并立于《论语》《孟子》，由此而阐明孔、曾、思、孟之学，兴起那千百年间葬于黑暗中的绝学，此学便称为道学。

被称为道学之祖的周子，名敦颐，生于真宗天禧元年（公元1017年），神宗熙宁六年（公元1073年）五十七岁殁，其著述尚存者，有《太极图说》及《通书》。前者是将宇宙生成之理名为"太极图"之图表，说明之，后者又名《易通》，是《易》之通论。前者论宇宙生成，究明道德之根源，后者则借《易》与《中庸》说明道德。《图说》中云："无极而太极。太极动而生阳，动极而静，静而生阴，静极复动。一动一静，互为其根。分阴分阳，两仪立焉。阳变阴合，而生水、火、木、金、土。五气顺布，四时行焉。五行一阴阳也，阴阳一太极也，太极本无极也。"此乃说明宇宙生成之过程，惟大体上不过取自《易》之"太极生两仪，两仪生四象"再联络着五行说而说明。《图说》更进而说明，阴阳二气交感而化生万物，其中，人尤为秀灵，有形体同时有精神，最后说："五性感动，而善恶分，万事出矣。圣人定之以中正仁义，而主静，立人极焉。"此乃进而说明人间道德，是中、正、仁、义四字，行之极则，乃"静"之一字。据《通书》说，仁者，产生物之力，义者，成物之动。把宇宙现象看作太极之生成的周子，认为人之道德仁义不外是生成之作用。生成之作用，乃在物各得其正所，调和而行，故他又把"中正"二字放在"仁义"之上。《通书》有云："惟中也者，和也。"故"中"即调和之意。此"中正"二字，也是《易传》常用之文句，物各居正位，尚当中爻，乃来自《易》之思想，同时，又与《中庸》的"中也者，天下之大本也，和也者，天下之达道也，致中和，天地位焉，万物育焉"这思想亦有关系。总之，周子相信了顺宇宙生成调和之理，即是人间道德。破坏此生成调和之原因，皆在欲，故《图说》云："主静，立人极焉。"以静为主，即去欲之意。然而，虽说去欲，亦不是宜如枯木死灰，乃避欲而勿破坏自然的生成调和之意，积极地说，即是自己诚而不伪之意。于是，《通书》云："诚，无为。"又云："诚，五常之本，百行之源也。"无为即是静，静和诚，大概乃从两面去说同一心地之语。其力说此诚，乃得自《易传》和《中庸》之思想。要之，周子的宇宙观和道德说，乃玩味内察《易》与《中庸》，而披沥其领解所得，在这点上，可以说是采用范仲淹之流而更深入的。一贯地把唯一的生成调和之原理，应用于宇宙现象及人间道德，这便是宋学的长处。

周子之思想，乃出自《易》与《中庸》，《图说》和《通书》，可以说是《易》和《中庸》之义疏。然而其中所说的"无极而太极""太极本无极也"及"主静"，并不是儒家本来的思想，倒是采用自道家思想。据朱震的《汉上易传》《进易表》云，周子曾从学于穆修，并传陈希夷之学，据说，陈希夷是五代之道士，受魏伯阳以来之道家说，传之于种放，种放传之于穆修。再考虑到周子之太极图，乃综合袭魏伯阳之《参同契》的《水火匡郭图》和《三五至精图》的，则周子受道家影响之事实，便很明了，《图说》中亦显现其面影，乃当然的事情。然而，此图，不一定仅见《参同契》，而且在唐僧宗密的《禅源所诠集都序》之中，亦改造《水火匡郭图》，而说明起信论之教理，恐怕是在唐宋之际，此图解很盛行，周子便由此而图解宇宙生成了。又据毛奇龄的《太极图说遗议》之考证所得，在《太极图说》中，多有得自宗密的《原人论》之文句。宗密是华严学者。一说周子曾从学于润州鹤林寺之僧寿涯，又一说，曾从东林寺之常听，听华严理事法界之说，故《图说》有《原人论》之影响的事实，亦不能否认的。因而，周子之学，乃以《易》与《中庸》做骨子，惟亦有道家思想、佛家思想之影响。综合此种种，便一贯了宇宙原理和道德法的一家哲学，此乃周子之所以为周子者也。

张横渠，名载，神宗熙宁十年（公元1077年）五十八岁卒。

少时好谈兵，惟范仲淹授之《中庸》一篇，诚之儒者宜乐名教，故其后便志于学道，嘉佑初年在京师见二程子，益坚其志。张子有《易说》三卷、《西铭》一篇、《东铭》一篇、《正蒙》十篇等，是以《易》和《中庸》为中心的思想，这与周子同样，惟张子不如周子说太极无极，又不说二气、五行，而以一气之聚去说明万物之生生。据张子说，气之本体，为太虚无形的，其聚集时，便取象而成万物，分散时，复入五形而成太虚，例如，冰释凝为水。此气之聚散即气化，是所谓道，呼此道为太和。张子这般见解，与周子不同，惟把气之本体称为太虚无形，此道叫作太和，与周子的太极无极之说、中正仁义之教，便有一脉相通之感。周子和张子，都将道之中心观念置于调和上，这是相同的。

把天地间万物看作同一气化之生成的张子，在《西铭》篇之首曰："乾称父，坤称母；予兹藐焉，乃浑然中处。故天地之塞，吾其体；天地之帅，吾其性。民，吾同胞；物，吾与也。"即是把天地间万物，看作吾同胞与类，吾之性即天地之性。可是《正蒙》篇说："太虚不能无气，气不能不聚而为万物……游气纷扰，合而成质者，生人物之万殊。"这并不看万物是平等的，而承认其由于气的聚散之工合，便有种种的差异，在该篇中又说："形而后气质之性，善反之则天地之性存焉。"这就分别了天地之性和气质之性，并不认为各人气质便照旧是天地之性，毕竟是认为随着一气之聚散而产生形之万殊，则其性亦有正偏之差异，他说，变化这气质之偏倚，乃修养之根本。这种见解，与伊川的理一分殊说有重要的关系。

程明道和程伊川二人，称为二程子。明道名颢，神宗元丰八年（公元1085年）五十四岁殁；伊川名颐，乃明道之弟，徽宗大观元年（公元1107年）七十五岁殁。二程子初从学于周茂叔，亦与张横渠交游，其思想学说，与此二人有很多关系。二程子的著述及言行，集于《二程全书》之中，通览之，便见两人之思想大体是一致的，惟亦有多少不同之点，故先说明道，次说伊川吧。

明道初则从学周子，后又泛学诸家，出入于佛老约十年，再反求之于六经而自得，故在其学说中，很多和周子一致之点，亦是他的特征。

周子说，太极分为阴阳二气，由二气交感而生成万物；张子则说，由一气之聚散而生万殊，都以生成看作宇宙之道；惟明道亦说"天地之大德曰生，天地氤氲，万物化醇"（《遗书》十一），也以生成看作宇宙之道。然而，明道又说"独阴不生，独阳不生"（《遗书》十一），又说"万物莫不有对，一阴一阳，一善一恶，阳长则阴消"（《遗书》十一），等等，认阴阳之消长为一，称之为天地之理，或天理，或单称之为理。将此借阴阳之消长而化生万物的事实，说明为天理这一点，是周、张所未说及的，明道亦宣称"吾学虽有所受，天理二字，却是自家体贴出来"。（《外书》十二）

以阴阳生生看作天理的明道，便认为人间道德亦不外此理。他所以说，理在天下只是一个理。……所谓敬只是以此为敬，所谓仁只是以此为仁，所谓信，只是以此为信（《遗书》二上），即此证据。然而，在仁、义、信、敬之中，特别注重仁，他说："学者须先识仁，仁者，浑然与物同体，义礼智信皆仁也"（同上）。因而，仁乃从天地生生之理，以生生为仁的事实，与周子是同样的见解。

周子说，人与物不同之所在，乃兼备形与精神，惟明道说"天地之间，非独人为至灵，自家之心便是草木鸟兽之心也，但人受天地之中以生尔"（《遗书》一），又说"人与物，但气有偏正耳"（同上），即人与物之区别，乃由于其能否得气禀之中。关于此点，明道较之周子更接近张子。

以人与物之关系看作气的偏正之不同的明道，又以人性质之不同，归于气之偏正，他说："人生气禀，理有善恶，然不是性中元有此两物相对而生也。有自幼而善，有自幼而恶……是气禀有然也。"（《遗书》一）又说："天下善恶皆天理。谓之恶者非本恶，但或过或不及便如此。"（《遗书》二上）即依明道的意见：人性之善恶，乃由气禀之偏正而分，并不是本质的不同，故由于避偏趋正，一定可以回复本性的。人之离正而偏，乃私心与私智所累，故人须舍私心，打破私智，廓然大公，勉力物来而顺应，此乃教人定天性的理由（《明道文集》三，《答张横渠书》）。借此气禀之正偏而说性之善恶这一点，颇似张横渠，惟关于矫正气禀之偏的功夫，见解便不同。横渠为了变化气质，用穷礼与行礼（换言之即研知敬行）为主，但明道则排斥自私与用智，仅仅强调无心的顺从理之当然，此乃似周子的主静之说。

　　总之，明道乃说明由于阴阳之消长而生万物，此乃宇宙之道，即天理。顺从天理，即是人道，故人须舍私心而大公，因此应顺从天理。实在"天理"一语，乃明道哲学之根本，比之周子之太极，张子之太虚，可窥见其思想进展之迹，周子之太极，乃敷陈《易传》的"太极生两仪"之说，而说明太极生万物的过程之流出说。阴阳两仪以下乃形而下之事，太极乃形而上之事，而超越经验的，故说明太极，借老庄用语，太极乃本无极。但此种流出之说，欲使万人承认乃困难之事，故张子单纯以气之聚散，说明现象之发生，为了说明气之为何，不外用道家素朴的"太虚无形"之语而已，然而明道解释生生即道，称之为理，或天理。原来"理"字乃从"玉"之偏旁而来的字，本来乃玉的条理整然之意，但一转变为修理之义，再转变为心之同然，即无论谁皆判断为至极之义，二转则使事实成为事实的所以之意。所谓明道之理或天理，正是第三转之意，至此，常作现象根源的本体并不存在，所以使现象成为现象的道理，离开现象不能存在，最初性与理一致，穷理尽性之道学，完全成立。由于用"理"字者，乃佛教学者之提倡，特别华严宗之学者常常对照"理"与"事"而说明教理，明道之天理，也许亦从佛教家之说中启发的。通读《二程遗书》，其中关于《易》之记事者殊多，此乃暗示二程子之学问中心在于《易》，特别伊川乃倾注一生心血而完成《易传》者。伊川曾语"某于《易传》，今却已自成书，但逐旋修改，期以七十，其书可出"（《遗书》十七）。又答复张闳中说："《易传》未传，自量精力未衰，尚冀有寸进"（《遗书》二十一上）。由此知其如何努力于《易传》之完成。彼认为《易》乃由象显理之书，彼在《易传自序》中，陈述象与理之关系是"至微者理也，至著者象也，体用一源，显微无间"。同样还说"至显者莫如事，至微者莫如理，而事理一致，微显一源"（《遗书》二十五）。伊川认为事象乃理之作用，领解理为事象之本体，说明现象界的事象与本体之理有不可分离之关系，离开理则无事象，离开事象则无理，说明理与事象一致乃伊川哲学之根本。伊川之门人尹和靖问其师"体用一源，显微无间"一语乃断然的泄漏天机，伊川答之"汝看得如此甚善"（《外书》十二）。因此，"事理一致微显一源"八字乃伊川哲学之核心。

　　伊川说破事理一致微显一源，但实际现象界，千差万别无一相同。如此的差别，能否认为一理之作用？为了说明此理，伊川改称张横渠之一气分殊说，称之为理一分殊，借此以说明万象之差异。有人问："学必穷理，物散万殊，何由而穷尽其理？"其答复则谓："求一物而通万殊，虽颜子不敢谓能，夫亦积习既久，则脱然自有该贯，所以然者，万物一理故也。"（《二程粹言》一）又说："人要明理，若止一物上明之，亦未济事，须是集众理，然后脱然自有悟处。"（《遗书》十七）彼之所言，无一非立脚于理一分殊说。为说明事象之诸相，伊川关于人性亦如张子分天地之性与气质之性，而对说理性与气质，前者存在于理之人，不用说乃平等的，后者由于各人所禀受之气的偏正而定的才质，人乃特别不同，但理与气本来一体，气不过理之用，故气质之性，假使以涵养与进学而矫正其偏倚则可以归于理性，所谓涵养乃用敬之意，所谓进学，乃致知之意，所谓敬，乃使整齐严肃心为一，觉悟天理之自然的功夫，所谓致知，即《大学》致知格物。伊川在《遗书》二十八中解释《大学》之致知格物，大意说：

> 或问，进修之术何先？曰，莫先于正心诚意，诚意在致知，致知在格物。……凡一物之上有一理，须穷致其理。……或问，格物，须物物格之，还只格一物，而万理皆知？曰，怎生便会该通？……须是今日格一件，明日又格一件，积习既多，然后脱然自有贯通处。

上面的一段话，是说一物之上有一理，格之需要积习，这是因为把一切事象来作分殊。至于说终于脱然贯通，这是因为承认理一。总之，伊川性说，及为学的功夫，是基于理一分殊说的，这很是明了。

伊川哲学，乃寄附于"事理一致"与"理一分殊"两句话上，然则伊川从哪里获得此种见解之暗示呢？我想，恐怕乃从华严三法界观而得的。所谓三法界观，乃华严之始祖杜顺首倡之说，杜顺之法界观门，把其分为真空观、理事无碍观、周遍含容观三种，但在第四祖澄观之法界玄镜，则改称为理法界、理事无碍法界、事事无碍法界。在澄观弟子宗密之注法界观门，亦用此名称。第一之真空观，乃否定差别的事象，力说绝对之一理；第二之理事无碍观乃说明理与事象之一致；第三之周偏含容观，乃说明每个事象为绝对的，所有事象皆互相含容，伊川之事理一致说正是该当第二之理事无碍观。而伊川亦常常说，事理乃华严家之常谈。伊川的门人刘元承问伊川曰："某尝读《华严经》，第一真空绝相观，第二事理无碍观，第三事事无碍观，此理如何？"伊川答曰："一言以蔽之，不过曰万理归于一理也。"（《遗书》十八）由此观之，伊川及其门人之间，甚明了《华严》的此问题，伊川似亦有相当深刻的理会。所以说彼之哲学有借鉴于华严教理之处，此结论恐怕不是过早吧！

《华严》哲学之究极，在于第三之事事无碍观，但伊川仅止于第二之理事无碍观者何故？恐怕彼为说明儒教之道德，认为事事无碍之思想有害无益之故。彼说明理事一致体用无间，同时为说明事象的差别，拉张子的见解来说明理一分殊，彼曾激赏张子之《西铭》，彼认为《西铭》之优点乃理一分殊。倘使仅高调理之一方，则成为墨子兼爱之说，而不能说明父子之义；反之，如果仅说明分殊之一面，遂陷于杨朱之利己主义而失仁；立脚于分殊，在推及于理之一处，儒家之仁道确立。因此伊川之着眼点，皆为了说明儒之道德，此乃不深入事事无碍观，而停止于理事无碍观之所以。此乃伊川之哲学在佛教上所未完成者，当作儒教哲学而添加光彩之所以。

以上略述周、张、二程之学，并概括以《易》《中庸》为主之范仲淹一派之见解，以下略述欧阳修一派的。

第二十四章

春秋学——欧阳修与司马光

欧阳修乃文学家，在经学与思索方面，让周、程诸子一步，但彼有其特征，即言周、程诸子之所未言者，想其所不及想者。周、程诸子之经学以《易》与《中庸》为中心，但欧阳子则作《周易童子问》，谓《易传》非孔子之作，又在《进士策问》中断定《中庸》亦非子思之作，此乃欧阳子之见解，全然与周程诸子不同之明证。前者认为由思索而明了圣贤之精神，反之，后者则公平的读经书而批判之。前者的态度，如能评之为哲学的，则后者可评之为历史的。

欧阳修批判《易》与《中庸》而怀疑其作者，同时更怀疑《周礼》亦非周公之作（《居士集》四十八、《问进士策》三首），又作《诗本义》，评《毛传》与《郑笺》，陈述自己的见解。彼作孙复之碑文，赞赏《春秋尊王发微》，前已略述，但彼亦作《春秋论》三篇，指摘三传之矛盾与不合理，又推荐《春秋》之义，作《正统论》，本此意义，作《五代史记》。在《春秋》三传上加以批评的，唐代已有啖助、赵匡等，未必至宋代之初，但到欧阳子便更深刻，用批评眼光来读经书，实前代稀有之例，乃欧阳修一家之读书法，此影响其门下亦颇大。

欧阳子门下有著名的苏氏兄弟，兄名轼，以"东坡居士"之号知名。此人著述有《书传》二十卷，从历史立场来批评《尚书》本文；轼之弟辙，著有《诗解》二十卷，解剖《毛诗小序》，彼认为，真能看作《毛序》者，仅最初一句，后乃后学之敷陈集录，此见解，作为后世郑樵之《诗序辨妄》及朱子《诗序辨说》之先驱，在经典批判中，开拓新的方面。

欧阳子门人又有刘氏兄弟，兄名敞，称为"公是先生"，著述有《七经小传》《春秋权衡》《春秋传》《春秋意林》《传说例》等，尤可称为擅长于《春秋》之学者，弟攽，称为"公非先生"，在司马光之下，帮助编纂《资治通鉴》。

总之，欧阳修一派的学者，批判的阅读经书，深入诸经之中，特别深入《春秋》，毕竟《春秋》乃春秋时代之历史，其文章出自史官之手，孔子加以删改，借历史来鼓吹政治道德之精神，即如借孟子之语，"其事则齐桓、晋文，其文则史，其义则丘窃取之也。"借记录齐桓、晋文事实之历史，来说"义"，此乃儒家经典存在之价值。欧阳修写《新五代史记》，作《正统论》，亦企图借历史来陈述"义"。苏轼《正统论》及苏辙《史论》亦本同样精神。在与此相前后所作之《资治通鉴》中，亦有此见解。

《资治通鉴》，如其名所示，乃天子为政治之参考所作之历史，司马光乃其编者。司马光，字君实，生于哲宗元祐元年（公元1086年），六十八岁殁，乃被赠以太师、温国公者。《通鉴》乃治平二年拜诏，经过十九年的岁月，至元丰七年完成。征之温公自言，温公之精力倾注于此书，帮助其编纂之代表人物，乃刘攽、刘恕、范祖禹三人，根据《四库全书提要》，刘攽分担汉以前，刘恕分担三国、南北朝，范祖禹分担唐与五代，但在全谢山之《通鉴分修》《诸子考》中，根据温公的帖子，说"隋以前为刘攽，唐为范祖禹，五代为刘恕"。刘攽有《汉释》，范祖禹有《唐鉴》，刘恕有《十国纪年》之著述，各各分担得意时代，由此观之，全谢山见解乃正确的。

温公乃与邵、张二程子有深交者，在其著作《迂书》中说：《易》曰，穷理尽性以至命。世之高论者，竟以幽僻之语欺人，使人跂悬不可及，惯瞀不能知，其实奚远。他并非喜欢幽玄哲学的人，虽然不如欧阳子一派批判地阅读经典，但彼在《论风俗札子》中说："新进后生，口传耳剽，读《易》未识卦，已谓《十翼》非孔子之言，读《礼》未知篇数，已谓《周官》为战国之书，读《诗》未尽《周南》《召南》，已谓毛、郑为章句之学，读《春秋》未知十二公，已谓《三传》可束之高阁。"当时学风，非难失诸武断，但此恐怕乃指欧阳修一派之事，因此温公对于欧阳修派之读书法不满，但彼欲借历史而明其义，则与欧阳修见解一致，特别在助其编纂之学者中，亦有如欧阳子门下生刘攽者，故附论于欧阳子之后。

《通鉴》为资政治之参考所作之历史，则不仅以记事之正确为目的，根据《山堂考索》及《直斋书录解题》等所言，奉《通鉴》编纂之诏前，温公模仿《左传》风格，将战国至秦二世之历史写成《通志》八卷，上奏英宗，受英宗命，继续完成《通鉴》，现在《通鉴》非效法纪传体，乃用编年体，时时加以论评，此显然模仿《左氏》之例。《通鉴》乃《左氏春秋》绝笔后，才起笔的，怕是有继其后之心吧。根据《山堂考索》，刘恕问温公："何故《通鉴》不从上古开始？"公答之："周平王以来之事，已见于《春秋》，圣经乃不可损益，故自以后始。"刘恕更反问："何故不在获麟之岁始？"公答之曰："必须顾虑此在圣经已继续矣。"由此，《通鉴》显然继《左氏春秋》而作的。其中所插入之论赞，可与《春秋》之义并驾齐驱。

然则《通鉴》之大义为何？今不能把全体二百九十四卷一一论究，但其开卷第一则有著名之"名分论"，其中喝破："天子之职莫大于礼，礼莫大于分，分莫大于名。"力说名分之重要，所谓名分，毕竟明白君臣之义，此即全书之大义，故《通鉴》欲明白《春秋》之义，须避免空谈，以后世历史而教大义名分。此书当时传至日本，北畠亲房学之，遂作《神皇正统记》，此并非偶然之事。

到了北宋以后，儒学之大势一变，不甘于从来之师承与训诂，诉之自己主观、欲把握圣人心情之倾向盛行。一般倾向，一方以《易》《中庸》为中心，兴起高调穷理尽性之周、张、二程之学；

同时，在他方亦兴起，以《春秋》为中心而力说大义名分之欧阳、司马的学问。前者，欲以内省思索研究人类道德之根源，后者本乎文献与历史，欲探求人类义务在何处；前者探求仁心之起源、根据；后者阐明、鼓吹义务之本质。以后两派均出现几多后继者，但至南宋朱子，则合两派而为一，集宋学之大成，于是乃改项而移于朱子。

第二十五章

宋学之大成——朱子

朱子，名熹，字元晦，别号晦庵、晦翁，安徽徽州婺源人，徽州乃晋时的新安，因亦自称为新安人。他生于高宗建炎四年（公元1130年），从师甚众，其尤著者，为从李延平学程子之学。延平是罗从彦的弟子，而从彦又是二程子门下杨龟山的弟子。朱熹殁于宁宗庆元六年（公元1200年），年七十一。其主要著述留传于世者如下：

（一）《周易本义》十二卷，《易学启蒙》四卷，《时序辨说》一卷，《仪礼经传通解》三十七卷，《孝经刊误》一卷。

（二）《论语精义》十卷，《论语或问》二十卷，《论语集注》十卷，《孟子精义》十四卷，《孟子或问》十四卷，《孟子集注》七卷，《孟子要略》五卷，《中庸章句》二卷，《大学章句》一卷。

（三）《太极图解》一卷，《通书解》一卷，《西铭解》一卷，《二程全书》六十四卷，《附录》三卷，《上蔡语录》三卷，《延平答问》一卷，《后录》一卷，《近思录》十四卷，《小学》六卷，

《伊洛渊源录》十四卷。

（四）《资治通鉴纲目》五十九卷。

（五）《文集》百二十卷，《语录》百四十卷。

从上举第一类书中可见朱子治《五经》态度；由第二类书可见出他如何领解《四书》；在第三类诸书中他论及北宋诸儒的得失；而由《通鉴纲目》更可见其与历史家名分论的关系；最后一项的《文集》与《语录》乃集其生平的文章与语言，提供了关于他的丰富资料。

让我们先说说朱子研究《五经》的态度吧。

朱子论《易》，著《本义》与《启蒙》。其中《本义》以二卷释《上下经》，以十卷释《十翼》，各不相混，故与伊川《易传》不同，程颢是把《彖》《象》《文言》之辞分置各卦而同时加以注释的。据朱子之意，以为《易》始于伏羲氏，因卜筮而画八卦，其后文王更作卦，作《系辞》，周公作《爻辞》，皆以卜筮为目的，及至孔子，作《十翼》始以义理言《易》。因之读《易》可分三等。伏羲有伏羲之《易》，文王有文王之《易》，孔子有孔子之《易》。如果以孔子之《十翼》，释文王之《系辞》，更进而论伏羲之八卦乃是混同了时代。（《语类》六十六）由是他不赞成程颢概以义理言《易》的办法，也不附会于欧阳子所谓孔子未尝作《十翼》之说。他解经则重象数，说《十翼》则重义理，而于《启蒙》书中更详论伏羲氏之《易》理。如是见地究竟得当与否，虽至今学者间犹议论纷纭，然论经而注重其时代之前后，实亦可谓有独到的见地了。

其次，朱子论《诗》，亦独树一帜。上面，我曾说过宋之苏辙曾以为《诗序》有后人增窜处，而主张仅以最初一句，其后部分可以全部取消，其后郑樵更作《诗辨妄》，斥《诗序》为村野凡夫之作。朱子有感于郑氏之说，乃作《诗序辨说》，而辨明《诗序》之伪造，即以《诗》之本义，考量作诗人本意而作《集传》。朱子云，据《汉书·儒林传》则《诗序》乃卫宏所作，如再细细研究，可知并非全出自卫宏一人，而为两三人所续成。苏子之见确有独到之处，然最初之句既非诗人所作，则不如率性弃之进而玩味诗之本文更为得当（《语类》八十）。这样一来，朱子既同意苏辙之意，乃更进而近似欧阳子派的读诗方法了。他激赏欧、苏二公说："子由《诗解》好处多，欧公《诗本义》亦好。"又说："欧阳会文章，故诗意得之亦多。"如此看来，我们说他治《诗》方法是来自欧阳子的，这大概不会错吧。

年谱曾谓，朱子六十九岁时作《书传》，但是书至今乃不传。不过从他在《语录文集》里说过的话看来，他对于《书》实有超常之见。他说："《书序》恐不是孔安国做，汉文粗枝大叶，今《书序》乃细腻，只似六朝时文字，《小序》断不是孔子做。"又说："《尚书》《小序》不知何人作，《大序》亦不是孔安国作，怕只是撰《孔丛子》底人作。"由此可知，朱子既疑《诗序》更疑《书序》。他又疑安国之传云："《尚书》孔安国传，此恐是魏晋间人之作，托安国为名，与《毛公诗传》大段不同。……如《孔丛子》亦然，皆是那一时人所为。"又云："伏生之书多艰涩难晓，孔安国壁中书却平易易晓。"则他虽未疑古文为伪书，然亦注意到今古文的不同。其后，蔡沈得朱子之意而作《集传》，识别今古文之分，而开后来明证古文伪作的先风，由此，可见朱子读书眼光之一斑了。朱子又常称东坡《书传》谓为"解文义者甚多，又善得文势"。要是我们细考他否定《书序》的全部过程，就晓得他受东坡《尚书》见解的影响实在不少。他是先和东坡《书传》之意见一样，断定《康诰》篇首"惟三月哉生魄"以下四十八字为《洛诰》之断简，更而疑《康诰》为武王之诰，《书序》乃成王之诰，最后遂否定《书序》全体了。

至于论及《三礼》，则朱子以《周礼》为独言之书，而以《礼记》为《仪礼》之传，乃合《仪礼》与《礼记》更集诸书之礼事而作《仪礼经传集解》。他在《乞修三礼札子》上曾经说"以《仪礼》为经，而取《礼记》及诸经史杂书所载有及于礼者，皆以附于本经之下，具列注疏诸儒之说，略有端绪"，大概就是指这本书了。这书他生前不过著成三十七卷，其后门人黄榦补二十九卷，始为完书。

《语类》八十五曾云："《仪礼》是经，《礼记》是解《仪礼》，如《仪礼》有《冠礼》，《礼记》便有《冠义》，《仪礼》有《昏礼》，《礼记》便有《昏义》，以至《燕射》之类，莫不皆然，只是《仪礼》有《士相见礼》，《礼记》却无《士相见义》，后来刘原父补成一篇。"由此可知他整理礼经的来源了。不过，这里要注意的是，他虽曾以《仪礼》为经而以《礼记》为解，然亦以为《仪礼》中时有相等于《礼记》的地方，而《礼记》中亦往往混集经文，不得一概而论（《语类》八十五），其后，江永著《礼书纲目》，整理《礼记》工作始达于完成。而朱子经、记混同之说，后遂为邵懿辰经中有记、记中有经说之渊源。我们可以说，由于他能识别一部分古书之中常混同着新旧二部分，由此以鉴别古书，就有了一个标准。他以同样的方法，分析《孝经》而分为经与传二部分，分析《大学》篇也分为经一章与传十一章。后世学者虽对此尚有非难之声，然亦可见他读书眼光之犀利和其见识的高超了。

朱子评《春秋》，而尊之为明道正谊、权衡万世之作，然他并未著有论《春秋》的书。只是改订以同样目的而作的司马光《资治通鉴》，成《通鉴纲目》五十九卷。说到此书的由来，据其《序》云，司马光作《通鉴》，取其纲要为《目录》三十卷，后忧失于简，拟作《举要》八十卷未成，后胡安国虽作《举要补遗》，然亦未能谓为完全。于是朱子与其同志乃更由司马光、胡安国之四书而作《义例》，大书以提要，分注以备言，使得观览之便。不过，朱子要编此书的理由主要的还是因温公之旧例在正名分、记正闰上尚有遗憾之处，这，他在那书面里也曾明显说过。试引其《答李滨老书》中之一节，文意说："《通鉴》之书，顷尝观考，病其于正闰之际、名分之实，有未安者。因尝窃取《春秋》条例，稍加概括，别为一书，而未及就。"（《文集》四十）可知他编纂纲目乃欲以《春秋》条例以正正闰、以定名分的。然纲目亦非全部为朱子所作，朱子仅作大纲而使赵师渊作细目，而其中大体精神当本于朱子，因之，这个纲目，可谓为朱子的《春秋》学说了。

综观以上所述朱子研究五经之态度与方法，可知其受欧、苏二子影响者甚多，而更发展二子之说，在甄别古书真伪方面，可谓启一新纪元。近顷从事考证学者多言宋学之弊，平心而论，宋学末流固无论矣，纵老手如朱子，其字句训诂，亦不免粗忽之识，然苟批评者不因辞而忘质，则朱子之学，不但非凡庸考证家所可望其项背，更可谓为开考证之端倪。如清初顾炎武、阎若璩辈，其考证之学也无非出自朱子而更发展起来的。

欲窥宋学之全豹，有必须注意之一点，厥为自孙复以至欧阳子，自欧阳以至刘敞更而至司马光、朱子其间，立足于《春秋》与历史之学，盛行名分、正闰之论，其有裨于振作道义者实在不少。

朱子治经，已如上述，吾人论及朱子更有不可忽略者厥为其第二类《四书》注释诸书。当朱子四十三时，曾集洛学九家之说著《论语精义》二十卷，《孟子精义》十四卷；四十八岁时，再撮精义之要为《论语集注》十卷，《孟子集注》七卷，还作《四书或问》三十九卷，以明取舍之理由；其后犹屡有改订，又预备作《大学》与《中庸》详解，整理之为《大学章句》《中庸章句》，这是他六十岁时的工作，直到临死，还不断地改订，其注释《四书》之苦心，由此可知。

《论语》乃孔子之言行录，汉以来即尊为六经之总纲，后汉赵岐以来，《孟子》亦有数家之注，至唐韩愈，尤为重视之，然《大学》与《中庸》，仅被当为《礼记》之一篇，素为人所忽视，如《礼记》郑注亦以为《中庸》篇乃子思之作。至于《大学》，则甚至作者亦不可明，乃至刘宋、戴颙著《中庸传》二卷，梁武帝又著《中庸讲疏》一卷，张绾、朱昇、贺琛体圣旨而作《私记制旨中庸义》五卷，唐李翱本之，作《复性书》篇，此书乃渐为人所重。下而至范仲淹、周子则更为显著，及至河南程子出，尊《大学》为孔子遗书，司马光亦作《大学广义》一卷而单行，由是，独辑《大学》与《中庸》而附以注释者遂日多。及朱子出，以为《大学》乃传子思之学，而《中庸》则子思所作，更配以《论》《孟》，由此《四书》，可见孔子以至曾子、子思再传于孟子之儒家道统。乃力为阐明而作注释。且说："天下之物，莫不有理，而其精蕴，则已具圣贤之书，故必由是以求之。然欲简而易知，约而易守，则莫若《大学》《论语》《中庸》《孟子》。"（《文集》五十九《答曹元可》）又说："不先乎《大学》，无以提纲挈领，而尽《论》《孟》之精微，不参之《论》《孟》，无以融会贯通，而极《中庸》之归趣，然不会其极于《中庸》，则又何以建立大本、经论大经，而读天下之书、论天下之事哉？以是观之则务讲学者，固不可不急于《四书》。"（《大学或问》）由是，朱子死后集注遂被学官采做教程，推行很广，而自此《四书》就成了比《五经》更重要的著作了。若欲概言汉、唐与宋之经学，可以说前者是以《五经》为中心而后者是以《四书》为中心的学问。

　　《四书》是宋学又是朱子学的圣典，而表彰《四书》示后学以从学之门者厥为周、张、二程之功绩，是以朱子乃把他们的著作辑做一起，并加以注解，再成第三类之书。其中《太极图解》及《通书解》乃解释周子之著述，《西铭解》注释张子之书，而《二程全书》则辑二程子之语文。还有《上蔡语录》与《延平答问》则录二程子以至朱子问诸师儒之语。他为了明示学问的授受之源流，更集诸先辈及其友人门下等传记而编《伊洛渊源录》，又整理编纂先辈遗训之精要者著《近思录》十四卷，为教育童蒙辑《小学》六卷，想要知道朱子先辈及朱子的学说，这些书都是不可缺少的资料。而为了补这些的不足，则两集朱子文章与对话的《文集》与《语录》，也是贵重的资料。现在试根据这些材料略述朱子的思想学说。

　　朱子之宇宙观，乃以程子之哲学，释周茂叔之《太极图说》与张横渠之《西铭》，而自成一家。他附总论于《西铭解》之末云：

　　　　天地之间，理一而已。但乾道成男，坤道成女，二气交感，化生万物，则其大小之分，亲疏之等，至十百千万而不能齐也，不有圣贤者出，孰能合其异而反其同哉！《西铭》之作意盖如此。程子以为明理一而分殊，可谓一言以蔽之矣。

　　这样，他显然是本程子理一而分殊说以论《西铭》。朱子、程子，都有理一分殊的见解。由是，他就以《太极图说》，说明由一理以生万殊之过程。周子之《太极图说》云，无极（即太极）流转而成阴阳二气，阴阳二气变合而成水、火、木、金、土五气，无极之真与二气五行精妙合交感而万物化生，朱子之说明道无极之真即程子之所谓理，而二气五行之精即程子所谓气。他又以形而上之道言太极，而以形而下之气言阴阳，综而言之，则太极即形而上之理，而阴阳即形而下之气。他极显明的区别这个理与气的概念，说：

> 天地之间，有理有气，理也者，形而上之道也，生物之本也；气也者，形而下之器也，生物之具也。是以人物之生，必禀此理，然后有性；必禀此气，然后有形。其性其形虽不外乎一身，然其道器之间，分际甚明不可乱也。(《朱子文集》五十八《答黄道天书》)

由是可知他看理与气为完全不同之物。又说：

> 所谓理与气，此决是二物，但在物上看，则二物浑沦不可分开各在一处，然不害二物各为一物也。若在理上看，则虽未有物已有物之理，然亦但有其理而已，未尝实有是物也。大凡看此等处须认得分明又兼始终方是不错，只看太极图熹所解第一段便见意思矣。(《文集》四十六《答刘叔文》)

合起以上看来，不外是说，从事物看察，理与气乃判然而二分，从论理上思之，则有气即应说有使气成其所谓气的理由（即有理），这理的根源依旧是太极之一理，一理流转而成形而下之器，由是"理气"之概念始并存而得区别为二。

从而，所谓太极者，即形而上之一理，此理流转于形而下则具阴阳之气，而此气中复有阴阳之理，由是可知气者乃赋形万物之因，而理者则决定万物之性之动因也。《太极图说解》曾说："太极，形而上之道也，阴阳，形而下之器也。……虽然，推之于前而不见其始之合，引之于后而不见其终之离也。"这就是说，从论理上推究太极（即形而上之道）虽为万物之始，只有一理存于其中而无理气之并合，然事实上则太极下而为形而下之气，理气密合而不可离。所以朱子的宇宙观可以说是理一元论，而当理流转为形而下之现象时，始有理气二元之对立，至于说到所谓形而下的现象，那就是说凡天下事物皆有理气，理决定其性而气赋之以形，形由阴阳五行之气结合之形式不同，乃具千差万别之相，性来自太极一理，虽存于万殊之物中而仍具同一的形相，《太极图解》中也说过同样意思的话："自万物而观之，则万物各一其性，而万物一太极也，盖合而言之，万物统体一太极也，分而言之，一物各具一太极也。"朱子在这里所要说的意思就是，万物之差别，分殊之原因在乎阴阳五行之气（即形而下之器）而与理无关，万物虽异其理则一，程子的理一分殊说其理由是本体之一理分而生事象之差异，然朱子之意则以为事象之异乃形气之异，而潜伏之理则皆同一，这就是说天下万物其理乃绝对如一，这里正是朱子更优于程子的地方。

朱子在宇宙论方面既是随着程子而比之更进一步，就在性说方面也发扬程子之见而说性气并存，云："气质是阴阳五行所为，性则太极之全体。"（《文集》六十一）更在《中庸》首章的注释里面详言之曰："性即理也，天以阴阳五行化生万物，以气成形，理亦赋焉……于是人物之生因各得其所赋之理，以为健顺五常之德，所谓性也。性道虽同而气禀或异，故不能无过不及之差。"所以他把两性名之为本然之性和气质之性，而从道德的区准上着本然之性，在《太极图解》书中，他说："太极之有动静，是天命之流行也……诚为圣人之本，物之终始，而命之道也。其动也，诚之通也……其静也，诚之复也，成之者性。"《中庸》第十九章注云："诚者，真实无妄之谓，天理之本然也。……圣人之德，浑然天理，真实无妄……则亦天之道也。"

他从道德的见地看太极之理，以理为诚，更以为此诚乃天地间无论物与人，无不具有的，仁、义、礼、智、信即诚之具体的道德的表现。他以爱之理、心之德解释"仁"的含义，也就是这个意思。人之本性，本已具有太极之理（即诚），此诚具现为仁、义、礼、智、信五德，因之善就是人的本性，然而人亦有气禀之异，有昏迷愚蒙之人，亦有聪明睿智之人，而其所昏迷愚蒙不外是本性为物欲所迷乃不能表现其善，本性不现，则气质亦为之昏迷，是以欲求其善，须先讲去欲之法——由此，他就创出那实践道德说。

他的实践道德说特别注重《大学》，他在《大学章句》开卷第一章中引程子之言曰："大学，孔氏之遗书，而初学入德之门也。"不过从来的《大学》大多章次错乱，或脱落文句，不能全部通读。朱子乃正其章节，补其阙略，注释之，以此阐明其实践道德说。他以为，《大学》全书共分十二章，其最初一章本文，乃曾子所述，此外十一章都是曾子门人祖述其师之言者，故称曰"传十一章"，由此可知《大学》全意乃尽在第一章中，而《大学》内容，不出三纲领八条目。所谓三纲领者，一为明明德，二为作新民，三为止于至善。此三项亦即古时大学教育的目的。要达到此三项目的，就必须实行八条目：一格物，二致知，三诚意，四正心，五修身，六齐家，七治国，八平天下。上述的三纲领第一条的"明明德"之意，就是说具明德乃是人之本性，此明德者即人心不昧虚灵、具众理尚可以应付万事之作用也。然此明德乃常为气禀所拘，而未能尽量发挥其本来的作用，故人必摆脱此拘束始能恢复其本性。其次所谓"作新民"，即是以自己已明之德，感化他人而革新社会的意思。最后所谓"止于至善"，亦即谓上述之前提已达到，则人当复其本来之人。不过，要履行这三纲要的工作，必须顺次地实行那八条文，其第一步就是格物致知，朱子以为从前的《大学》一书在各章中都说到后六条纲目，而最重要的一条（格物致知）却反而付之阙如，所以他就补充而作传第五章，其文如下：

右传之五章，盖释格物致知之义，而今亡矣。……间尝窃取程子之意以补之，曰，所谓致知在格物者，言欲致吾之知，在即物而穷其理也。盖人心之灵，莫不有知，而天下之物，莫不有理，惟于理有未穷，故其知有不尽也。是以大学始教，必使学者即凡天下之物，莫不因其已知之理，而益穷之，以求至乎其极。至于用力之久，而一旦豁然贯通焉，则众物之表里精粗无不到，而吾心之全体大用无不明矣。此谓物格，此谓知之至也。

这，本来是解释《大学》"致知在格物"一句的话，可是这解释也不过把上述程伊川之言改头换面一次而已，所谓"致知"，就是说加深吾人知识之意，所谓"格物"，乃穷事物之理之义。合而言之，致知在格物者，盖谓穷千万事物之理而得加深吾人智识之谓也。原来，朱子以为，宇宙万物，皆太极之理之具体化，而太极之理皆在其中，即是说，人心之虚灵不昧之知与夫潜伏于事物中之理，不外都是太极之理，是以人能穷事物之理即所以完美吾人之知，苟今日穷一事之理、明日穷一事之理，积习而行万殊之理，本归一本，一旦豁然贯通，则凡百皆通而吾心之大作用乃明。他更论心与理之关系云："心包万理，万理具于一心，不能存得心，不能穷得理，不能穷得理，不能存得心。"（《语类》九）这说明了心与理之相依关系，更说要存心必须有敬、要穷理必须虚心静虑；（《语类》九）是以敬与虚静相互相依，乃到达致知格物之门云。然而要认真地实行致知格物，那就不要有虚伪的发意，即所谓诚意，意诚则心自正，心正则身自修，是以进而齐家、治国、平天下，则一己之明德已全面社会之革新由是就成就了。这就是《大学》全篇的主张，也就是朱子的实践道德论。

总之，朱子的宇宙论是以程子之哲学释周子之《太极图说》而建一家言，他的人性论是以他自己的哲学释《中庸》，以诚为一贯宇宙人性之理，而开展了他的实践道德观，并且又以他自身的哲学解释《大学》而力言格物穷理之道。由是，《大学》《中庸》遂成为与《论》《孟》并肩的重要的儒家经典，以《学》《庸》《论》《孟》为根基而道学乃臻于大成。

统括以上所述，可得如下结论：五代之乱既治，天下归宋，自是潜伏一时之学问，乃澎湃而复兴，其时恰有范仲淹与欧阳修二杰出，政治上占显要之位而图学术上之复兴，是以天下学士，靡然响应，皆集二子麾下。然二子之性格与学问，都各有不同，范仲淹可谓为纯真的道德家而欧阳修乃才气涣发之文学者，尚名节之学者皆集前者门下，悦文学之才士乃驰赴于后者门下，因是而前者遂形成了以《四书》为中心的道学派而倡导源于《易》与《中庸》之道德哲学，后者盛行以《春秋》为中心的名分论，遂形成号为正闰论的历史学派。合二者而为一的就是朱子，朱子既已《四书集注》臻范派之学于大成，更以《通鉴纲目》而绍述欧阳学派。是以我们可以说，朱子是集宋学之大成的人。

道德哲学，以《四书》为中心，其最后的结论不外说明道德之本始自人性，而人性之源，基于宇宙自然之理，是以道德哲学的最后，就是仁的研究。高唱正闰论及名分论的历史学派，不外欲借历史以明君臣之义，最后归结，乃在于义。综合此两面而为一家者，即朱子，而朱子之教不外仁义之道而已。仁义者，孟子以来已成儒家恒言、中国历来的民族道德而非新鲜的东西。可是，老守着从来的解释，已经不能适合新时代的精神了。宋代学者所处者就是这必须革新的时代，政治上、思想上他们都处在民族道德的危机时。五代之乱既终，欲天下统一则必须向辽、金之压迫抗争。随着佛教流行，他们所奉的道德说基础亦已渐备，是以，他们忍受种种的苦难而侧重体验，潜心佛老之道而训练其思索，由是，体验与思索而构成的新的东西，就是宋学。他们抛弃了训诂之弊，复归孔、孟之古家，而取出久已制就之新衣，按新时代精神，把这古装改头换面一次。朱子，就是促成这古衣新装的人。

第二十六章

宋学与佛教

　　宋学之成立，有得于佛教刺激者良多，上面既已说明宋学渐臻大成之过程，这里就再说说宋学与佛教的关系吧。后汉之时，佛教始传入中国，其后以悠长之努力乃渐得民心之归趋，迨及唐、宋之世，乃确立种种教派，各有系统之教理传之民间，其结果遂使儒教亦改换其本来之面目，而宋代学者乃取佛教而改造儒教。不过他们亦非全无批判地取入佛教的，如周茂叔与程伊川对唐代代表的佛教宗派天台、华严与唯识等宗之批评云："一部《法华经》只消一个艮卦可了。"（《二程外书》十）又说："读一部《法华经》不如看一艮卦。"（《二程遗书》六，按中误《法华》为《华严》，今改正。）这不外就是不满意于以一本完全照《法华经》而说止观的天台教义吧。伊川又论儒、佛之异云："圣人本天，释氏本心。"（《遗书》二十一）朱子亦汲其说，谓为："大抵圣人之学本心以穷理，而顺理以应物……释氏之学，以心求心，以心使心。"（《朱子文集》六十七《观心说》）这，大概就是斥唯心论的佛与儒教的不相合处吧。上面曾说过，周子与《华严》之宗密有关，伊川亦取《华严》事理无碍之思想而构成其哲学，朱子绍述伊川亦云：

> 人人有一太极，物物有一太极，合而言之，万物体统一太极也，分而言之，一物各具一太极也。……一物之中，天理完具，不相假借，不相陵夺……如月在天，只一而已，及散在江湖，则随处而见，不可谓月分也。

观此语气，使人兴宛然如读《华严》"十玄缘起"之感，然此亦非朱子直接取自《华严》，而以程子借用者。十四岁时，朱子曾就学于刘屏山、刘草堂、胡籍溪等，这些人大都有感于禅，是以朱子当时大概亦自然倾心释老，他自己曾说："某年十五六时，亦尝留心于禅。"（《年谱》引《语类》）参禅于大慧宗杲禅师与开善道谦禅师好像也是那时候的事。他十八岁应举时，据说箧底只藏有《大慧语录》一部（见《佛祖历代通载》）他自己曾说："盖出入于释老者十余年。"（《文集》三十八《答江元适》）又说："盖舍近求远，处下窥高，驰心空妙之域者二十余年。"（《文集》三十八《答少师子龙》）由此可见，一直到他四十岁前后时，还潜心于禅，其后始注全力于研究与确立儒教，而排斥佛教。据《文集》和《语类》，什么《四十二章经》《维摩》《金刚》《般若心经》《圆觉》《楞严》诸经，与支遁、僧肇、慧远之论，李长者之《华严合论》等好像他都曾看过。说到他对这些经的态度，也是极其独断的。他以为佛经仅《四十二章经》最古，其他皆为中国文士润色而成者，《维摩经》乃南北朝时萧子良之徒伪撰，《楞严经》仅咒是原本，其余乃缀唐房融之语而成者，《圆觉经》仅开首数卷好，其他又都是后人所增的，《心经》不外支离《般若》六百卷之节本，支遁、远、肇辈之言，无非老庄之谈，至于《华严合论》，其言更鄙陋不足取，是以达摩既入中国，这些书遂皆被扫荡了。代之而兴者为禅家之《传灯录》等，然其中之西天二十八祖之偈则皆韵文，外国应无此韵文。这样他跟着就嘲笑禅家说，禅家之初皆有明快之问答，然近顷禅家都说那若隐若现之问答以自鸣得意。由此可知他是彻底的排斥佛教的人，其所有的佛教知识也相当浅薄，他自己曾说："熹于释氏之说，盖尝师其人，尊其道，求之亦切至矣，然未能有得。"（《文集·答汪尚书书》）这，实在是不自欺的说明了。可是，朱子的思索中却有佛教的影响，这看来好像是不可思议的一回事，不过，我们可以说这大概是受周、程二子影响的残余吧。总而言之，道学，可以说是以佛教改造的儒教及朱子出始与佛教绝缘而竖独立之旗帜的。

第二十七章

宋学之别流——陆子

上面已说过，朱子是集宋学之大成者，但与朱子同时而和他对立隐然有敌国之观者还有陆子一派。

陆子名渊，字子静，号象山，江西金溪人，生于高宗绍兴九年（公元1139年），殁时年五十四岁，与朱子同时而为其后辈，平生不好著作，现存之《象山全集》五十六卷，乃后人集其遗文杂说附加行状年谱而成者。陆子之学问体系不甚明了，然据朱子云："上蔡之说，一转而为张子韶，子韶一转而为陆子静。"则可知正如朱子出自程门之杨龟山，而象山乃出自程门之谢上蔡。更溯而上之，则朱子祖述伊川之学，而象山乃渊源于明道者。明道以一理说天下宇宙之一切现象，而象山也说：

> 塞宇宙一理耳，学者之所以学，欲明此理耳。此理之大，岂有限量？程明道所谓有憾于天地则大于天地者矣，谓此理也。（《全集》十二《与赵永道书》四）

这一段话，正是继承明道的一理。他又说，此理在宇宙之间，未有隐遁之听，天地之所以为天地者，在顺此理而无私。人与天地并立而为三极，安得自私而不顺此理耶。(《全集》十一《与朱济道书》)这样的顺理而诚、人勿自私与明道之《定性书》排自私者如出一辙。由是可知象山之学乃渊源自明道的。

可是象山比之明道是更进一步了，理即心，心即理，就是他倡说的。他说："宇宙便是吾心，吾心即是宇宙。"(《全集》三十六《年谱》)又说："心一心也，理一理也。至当归一，精义无二，此心此理，实不容有二。"(《全集》一《与曾宅之书》)又云："人皆有是心，心皆具是理，心即理也。"(《全集》十一《与李宰书》)所以他就以上下四方谓之宇，古往今来谓之宙，因豁然大悟曰："宇宙内事乃己分内事，己分内事乃宇宙内事。"(《年谱》)这样他以宇为空间、宙为时间，而以为由时空所结合的一切现象不外皆吾人之主观，即心，所作成。所以他又说："万物森然于方寸之间，满心而发，充塞宇宙，无非此理。"(《全集》三十四《语录》)又云："宇宙便是吾心，吾心便是宇宙。千百世之前有圣人出焉，同此心同此理也；千百世之后，有圣人出焉，同此心同此理也。"(《文集》二十二《杂说》)由此可见，象山虽出发自程子所谓宇宙本体即为理说，而更进一步从所谓理亦即吾心之条理而结论为宇宙之本不外吾心，象山是从唯理论发展为唯心论的。是以王阳明称陆子之学为心学，此"心学"二字实乃显示陆象山本领的评语。然则象山所谓吾心，又是怎么样的一个东西呢？

盖心，一心也。……夫子曰："吾道一以贯之。"孟子曰："夫道一而已。"又曰："道二，仁与不仁而已矣。"……仁即此心也，此理也。(《全集》一《与曾宅之书》)

道塞宇宙，非有所隐遁。在天曰阴阳，在地曰柔刚，在人曰仁义。故仁义者，人之本心也。(《全集》一《与赵监书》)

四端者，即此心也。……人皆有是心，心皆具是理，心即理也。故曰："理义之悦我心，犹刍豢之悦我口。"(《全集》十一《与李宰书》二)

合而观之，可知象山所谓吾心，即指吾心之道德心，被称为仁，仁义或四端者皆道德心之表露也，从而宇宙之理毕竟不外就是吾人之道德心，吾人之心判断其当然者即宇宙之理也，是他又称这个"心"为吾之本心，吾人之心既备如是之道德心，是此心之判断亦即宇宙之理，然，"愚不肖者，不及焉，则蔽于物欲，而失其本心。贤者知者过之，则蔽于意见而失其本心。"(《全集》一《与赵监书》)是以又说："为学以尽本心云：'心只是一个心，某之心，吾友之心，上而千百载圣贤之心，下而千百载复有一圣贤，其心亦只如此。心之体甚大，若能尽我之心，便与天同，为学只是理会此。'"(《全集》三十五《语录》)学有知亦有行，象山云："为学有讲明有践履，《大学》致知格物，《中庸》博学、审问、谨思、明辨，《孟子》始条理者智之事，此讲明也，《大学》修身正心，《中庸》笃行之，《孟子》终条理者圣之事，此践履也。"(《全集》十二《与赵永道书二》）以是而力言讲明与践履二者之不可偏废。简言之，象山论学之要旨在乎宇宙之理不外存于吾人之道德心，从讲明与践履二面退心之所蔽而发挥其本来面目，这就是为学之道。

吾人如进而考察陆子与朱子之异同，从哲学而言，则朱子乃汲伊川之流发自唯理论，以理气说明现象之生成，然陆子则扬弃明道之唯理而移之为唯心论，前者犹止于理学，后者则趋向心学，此为朱陆相异之第一点。其次，从论理而言，则朱子俱重知行二面，然朱子强调格物穷理而重知，陆子主张必先言吾心之本而尊性，即是说，朱子以为要致知而格物必是穷天下之理，而陆子则云："后世耻一物之不知，亦耻其非耻矣。人情物理之变，何可胜穷？"（《全集·与邵叔谊书》）此乃朱陆不同之第二点。还有就是，朱子重致知格物以读书为穷理之一法，终身乃注力于注释典经。陆子则云："学苟知本，《六经》皆我注脚。"（《全集》三十四《语录》）又有人问先生何故不著书，陆子云："六经注我，我注六经。"（同上）此为朱陆不同之第三点。

第二十八章
朱陆的门下

朱陆俱为宋代大儒，其门下生颇多，然正如朱陆各不相容一样，其门下亦各不相容。据陆子云，朱子在给某学者书上，曾经说，陆子静以专尊德性诲人，故游于其门者，多践履之士，缺少道问学；我稍多讲道问学，所以我的门人，在践履上不及陆子。（《陆全集》三十四）黄宗羲亦说，陆子之学，以尊德性为宗，谓先立其大者，而后可以大之；朱子以道问学为主，以格物穷理为入圣之阶梯。（《宋元学案》卷五十八）以为二者之不同，可以《中庸》之尊德性而道问学这二句说明，所谓尊德性者，和好像陆子所云学问之道之在明示吾人本心一样，而所谓道问学者，则如朱子所力说之格物穷理之道。这里一个有趣的对照就是，陆子之后学奉其师训而潜心于研究本心，朱子之后学则承其师格物穷理之一端而努力于研究与注释经典之学，潜心经典研究。

朱子门生甚多，其中有继其业而潜心考察性理者，尤以研究古典者为多。其尤著者如蔡元定之子蔡沈，体朱子之意而作《书经集传》，黄榦完成朱子的《仪礼经传通解》之残缺部分。还有就是，黄榦门下有何基，何基之弟子为王柏，著《诗疑》《书疑》等书，以批判立场研究经传，以为《中庸》可分为二部而《大学》里面还有格致之传云云，更下则王柏之门下有金履祥者，著《论孟集注考证》等书而考证《朱注》，又如黄榦门人饶鲁之再传弟子陈澔也著《礼记集说》，而其他如魏了翁乃朱子门人李燔弟子，曾作《九经要义》，真德秀乃詹体仁之弟子，亦曾作《大学衍义》，皆可以说是渊源于朱子的研究精神者。及朱子门人辅广三传弟子黄震出而作《日抄》，又真德秀有再传弟子王应麟者，融以吕东业、陈止斋之学而作《困学纪闻》和《玉藻》等大著。这个黄震与王应麟，可以说是后起的清朝考证学之先驱。

上面已说过，《朱子》后学只重考究经典为其唯一之道，而陆子之门下则止于明本心。其中最著名者有袁燮与杨简二人。

袁燮，四明人，号絜斋，初学于太学，后遂师事象山而传其学。据云絜斋初见象山时，象山即指其本心而使之洞彻贯通，遂师事之。絜斋亦常语人云，"人心与天地为一本，精思以得之，兢业以守之，则与天地相似"，从此可知絜斋学问之中心，实在是在于明宗陆子本心之说。

杨简，慈溪人，因号慈湖。据说，当乾道五年（公元1169年）他为富阳主簿时，象山亦来富阳，因象山常倡本心之说，遂问象山云："何谓本心？"适平旦尝听扇讼，象山答曰："彼讼扇者，必有一是，有一非。若见得孰是孰非，即决定为某甲是，某乙非，非本心而何？"慈湖忽然大悟，因为其弟子。他有种种的著述，在《己易》一书中，他曾主张天地与自己之一体观，说："易者，己也，非有他也。以易为书，不以易为己，不可也。以易为天地之变化，不以易为己之变化，不可也。天地，我之天地，变化，我之变化，非他物也。私者裂之，私者自小也。"又说："循吾本心以往，则能飞能潜……能尽通天下之故。仕止久速，一合其宜。周旋曲折，各当其可，非勤劳而为之也，吾心目中自有如是十百千万散殊之正义也。"这样说明了所谓与天地为一体之己者，即亦指吾本心而言，他又曾著《绝四记》一文云："人心自明，人心自灵，意起我立，必固碍塞，始丧其明，始失其灵。"故非绝此四者不可。四者之中，意先起，其次必、固、我生，故第一须不起意。所谓意者，亦即上引《己易》中之所谓私，是意为利害之打算，意欲之妄动，他就主张，唯绝意始能明心，可知他所考究的也是和朱子同样的"明本心"之道。不过，陆子所谓"明本心"者，不外指修养之第一步在明本心，非谓仅此乃修养之全体，因之，门人袁燮亦有所谓要明本心，须在"精思思之""兢守守之"之说，而说明守其既得的必要，然杨简则仅以明本心为修养之全体，不免多少有削弱陆学之处，所以同门的袁燮也就讽之曰："象山既殁之后，而自得之学始大兴于慈湖……慈湖之学，慈湖所自有也，学于慈湖者当……改过迁善日进不止……岂必一一蹑其迹哉。"（袁燮《书赠传正大夫》）其后，孙奇逢更以为杨简乃陆学之曲传，而从陆门诸弟子削除杨简之名。（《理学宗传》卷十七）

上面曾经说过，朱子明儒、释之不同而斥释氏之唯心论，象山则倡心即理说，从唯理论转向唯心论而接近释氏主张后传至于杨简乃更向禅家接近，遂使后之陆学，专重静坐功夫，堕于狂禅，朱子学派乃更倾向于章句之学，可谓互相对应。

南宋一代，朱陆之学，互相对峙，然朱学乃较占优势，降而至元，方发生了一种折衷的倾向。吴澄与郑玉，就是这时代的代表。

吴澄（公元1249—1333年），字幼清，号草庐，初从程若庸治朱子学，后乃倾向陆子。若庸出自饶鲁门下，而饶鲁则曾从黄榦学朱子之学者，故吴澄既传朱子之学又尊信陆子而取折衷的态度。他说："朱陆二师之为教，一也，而二家庸劣之门人，各立标榜，互相诋訾，至于今，学者犹惑。呜呼甚矣哉，道之无传，而人之易惑难晓也！"（《宋元学案》九十二《草庐精语》）又说："朱子于道问学之功居多，而陆子以尊德性为主。问学不本于德性，则其蔽必偏于言语训释之末。故学必以德性为本，庶几得之。"（同上《本传》）由此可概见其志向一斑。他曾在《象山语录序》上这样赞叹象山："道在天地间，今古如一。人人同得，智愚贤不肖，无丰啬焉，能反之于身，则知天之于我者，我固有之，不待外求也；扩而充之，不待增益也。先生（象山）之教人，盖以是。岂不至简至易而切实哉！"（《草庐文选》二）后世遂以此断之为传陆氏之学者，然他又曾有《五经纂言》之作，则确又是绍述朱子经学而能确立一家的。

他的《易纂言》，斥魏晋以来传本而以朱子本加以订正。《书纂言》则引吴才老及朱子之说，区分伏生今文《尚书》与梅赜增多篇之不同，疑后者非前汉时代之文。《诗纂言》亦据朱子之意删《诗序》，加注于诗文本身。《春秋纂言》又本朱子意以《左氏》为主而以为《春秋》之义乃公、谷氏所订正，于《礼》则以朱子之经传通解为未定稿，严别经、传、记之不同，而加以注释。总言之，他的《五经纂言》差不多可以说全样自朱注，然此外亦有其自身之创意者，确为当代少见的名著。他在《易纂言》中曾说："吾于《易》书用功至久，下语尤精，其象例皆自得于心。"于《书纂言》中云："顾澄何敢质斯疑，而断断然不敢信此二十五篇之为古书，则是非之心不可得而昧也。"于《春秋纂言》中云："皆取之于义。"综合起来看，可知草庐实在是有非常明晰的观察力，而好像又是确信着自己心里有着昭然灵知的本心的。我们可以说正因为他有了这样的天分，所以其著作乃有许多独创之见，治朱子学而同时又倾心于陆子之本心，都是由于这原因吧。他的《书纂言》，区别今古文之不同，有裨于近代研究者不少，可谓开后代考据家阎若璩之先河，朱陆之学，久相对峙，他却能完成其中的折衷，这个功绩更应该特别说明。

郑玉，自子美，号师山，幼敏悟，长而攻究《六经》，尤长于《春秋》之学。其生年虽不可详，然据传云，至正十七年（公元1357年）明兵入徽州时，被拘而缢死于狱中，则可知比之吴澄，尤为后辈。师山，最初师事吴暾、洪震老、夏溥三人，他们都是夏希贤的门人，而夏又是杨简高弟钱时之弟子，所以郑玉可以说是陆子五传的弟子。可是在他的《文集》中，我们也可发现他赞朱子为集群贤之大成者，而谓今人乃驰心千里之外，徒弄空言，实有负于朱子云。由是可知他实在是开端自陆学而更融会朱学于其中的。他又说："陆子之质高明，故好简易，朱子之质笃实，故好邃密。各因其质之所近，故所入之途不同，及其至也，仁义道德，岂有不同者？……后之学者，不求其所以同，惟求其所以异。江东（朱学）之指江西（陆学）则曰，此怪说之行也；江西之指江东则曰，此支离之说也。此岂善学者哉！朱子之说，教人为学之常也；陆子之说，才高独得之妙也。二家之说，又各不能无弊。陆氏之学，其流弊也，如释氏之谈空说妙，工于卤莽灭裂，而不能尽夫致知之功。朱子之学，其流弊也，如俗儒之寻行数墨，至于颓堕萎靡，而无以收其力行之效。然岂二先生垂教之罪哉，盖学者之流弊耳！"（《宋元学案》九十四《送葛子熙序》）可知他实在是洞察当时朱陆二派之弊而各取其长的了，亦可见我们所谓他出自陆子而融会朱子的话是不错的了。不过他说过下面的话，又好像是以为朱学更胜于陆学的一样。他说："近时学者，未知本领所在，先立异同，宗朱则毁陆，党陆则非朱，此等皆是学术风俗之坏，殊非好气象也。陆子静高明不及明道，缜密不及晦庵，然其简易光明之说亦未始为无见之言也……但其教尽是略下工夫，而无先后之序……而学之者有弊。学者自当学朱子之学，然亦不必谤象山也。"（《学案》九十四）

吴澄与郑玉可谓元代之代表的学者。前者发自朱子而倾向陆子，后者则以陆子趋向朱子，不同的就是前者注重陆子而后者则偏重朱子，相同的就是二者的折衷的态度。而且这样折衷的态度是元儒的特色，然，此时朱学之黄金时代已成过去，陆学渐开始抬头，而其后阳明学说亦已渐露曙光了。

第二十九章

明学——陈白沙与王阳明

明太祖出自布衣而平定天下，然虽于干戈扰攘之时亦到处应招耆儒，讲论道德治术，及天下半定，举行考试制度而以经义为主，是以文教盛行而学者辈出。然当时学者大抵皆奉宋学，尚未能独具一帜，永乐十二年（公元1414年），敕胡广等选《四书大全》《五经大全》时，不外皆本朱子之注或其后学之注，而加以疏释，这些专业，虽可说是振兴有明一代教学之盛，而为后世儒林指导，然其成果，亦不外本前儒疏释而加以多少的增广而已。如《四书大全》乃取自元人倪士毅之辑释，《春秋大全》则多抄袭元人汪克宽之《左传纂疏》，《诗经大全》可以说就是增广元人刘瑾之《诗传通释》。（顾炎武《日知录》十八）由此可知明初儒学多乃继述朱子之学而并无任何独创之见。及至英宗时（公元1435—1449年，1457—1464年），吴与弼出，胡居仁、陈献章、娄谅等皆出自其门下，而娄谅门下，更有王守仁，明代之学可谓为独具一格者始奠自陈献章与王守仁。《明史·儒林传》亦云："原夫明初诸儒，皆朱子门人之支流余裔，师承有自，矩矱秩然。曹端、胡居仁笃践履，谨绳墨……守先儒之正传，无敢改错。学术之分，则自陈献章、王守仁始。宗献章者曰江门之学，孤行独诣，其传不远。宗守仁者曰姚江之学，别立宗旨，显与朱子背驰，门徒遍天下，流传逾百年，其教大行，其弊滋甚。嘉、隆而后，笃信程朱，不迁异说者，无复几人矣。"所以，我们说到明代的思想家，可举陈献章和王守仁做代表。

吴与弼（公元1391—1469年）是陈献章老师，他字子傅，号康斋，抚州崇仁人，夙奉程朱之学，耕稼之余，傍及教育。其门人极多，尤著者为胡居仁、娄谅及陈献章三人，其中胡居仁墨守康斋之学，陈献章与娄谅则与胡居仁不合而另辟新径。

陈献章（公元1428—1500年），新会白沙里人，故号白沙，又号石斋，初学于吴康斋，后居乡里，另辟一家，为所谓江门学派之先祖。他自述其径如下："仆才不逮人，年二十七，始发愤从吴聘君学……然未知入处。比归白沙，杜门不出，专求所以用力之方……而卒未有得。……于是舍彼之繁，求吾之约，惟在静坐。久之，然后见吾此心之体，隐然呈露，常若有物。……于是涣然自信曰：作圣之功，其在兹乎？有学于仆者，辄教之静坐。"（《明儒学案》）据此可见他最初是从吴康斋学程朱之学，其后以静坐内察，悟吾心之体，由是遂教学者以静坐。读他的文章亦时时见他引用周子、二程子、朱子，可见他实是从程朱学入手的。再看他下面的话可知他的静坐法也是渊源自程朱之学的，他说："伊川先生每见人静坐，便叹其善学。此一'静'字，自濂溪先生主静发源，后来程门诸公递相传授。……晦翁恐人差入禅去，故少说静，只说敬。"可是他所得的结果却近于陆子所惟悟吾心之体。他说："人与天地同体，四时以行，百物以生。"又说："君子一心，万理完具，事物虽多，莫非在我。"与陆子所见乃无二致。所以我们可以说他是从程朱学而转向接近陆子的意见。

他的同学胡居仁（号敬斋）评他的静坐法说："周子有主静之说，学者遂专意静坐，多流于禅。"又以为他所悟者为"释氏见性之说"云（《明儒学案》二《胡敬斋》）。白沙却以下面的话替自己辩解说："佛氏教人曰'静坐'，吾亦曰'静坐'，曰'惺惺'，吾亦曰'惺惺'，调息近于数息，定力有似禅定，所谓'流於禅学'者，非此类欤？……禅家语，初看亦甚可喜，然实是笼统，与吾儒似同而异，毫厘间便分霄壤。"（《明儒学案》五《陈白沙》）平心而论，他有学取禅家的地方，实在是不可争的事实。恐怕这是他为了要挽救明初儒学的沉滞乃出发自程朱之学——说是周程之学史正确一点——参考禅学而加以新意，其结果乃成了近陆学的一种学派。他的门下自张东所、湛甘泉以下有许多弟子，称其学派为江门之学，因白沙故乡在江门故名（江门在广东新会者）。

娄谅（公元1422—1491年），字克贞，号一斋，广信上饶人，学于吴康斋，其遗书不传，故不知其学说详细，然据其同学胡敬斋合评陈白沙与他的文章里面说："娄克贞说，他（白沙）非陆子之比，陆子不穷理，他却肯穷理。公甫不读书，他勤读书。

以愚观之，他亦不是穷理，他读书，只是将圣贤言语来护己见，未尝虚心求圣贤指意，舍己以从之也。"（《明儒学案》二）可知他未必袭踏其师门之说而别具见地。然白沙单重静坐，一斋则重读书，这也是他们的不同处。值得我们特别提出的就是后来的王阳明乃出自他的门下。

王阳明，名守仁，字伯安，浙江余姚人，生于明宪宗成化八年（公元1472年），殁于世宗嘉靖八年（公元1529年），年五十七岁。其著作有《朱子晚年定论》一卷，集其诗文者有《文录》五卷、《别录》十卷、《外集》七卷、《续编》六卷，集其师弟论学之语者有《传习录》三卷，最初皆为单行本，后乃合《年谱》五卷、《世德记》二卷，而为《王文成公全书》，据阳明门人钱德洪《刻文录序说》云，"阳明先生之学凡三变，其为教也亦三变"。所谓学之三变者，即指阳明前半世修养之变迁：少时耽于辞章，后出入佛老，三十五岁因谪居龙场，乃翻然改意归儒云。所谓教三变者，是指他归儒后之变迁：三十七至四十二岁时，力主知行合一说；四十二三至五十时，倡心即理说，主张专心静坐；五十以后乃成致良知说。知行合一、心即理、致良知三说，就是阳明学的三大纲领。

第一，说到知行合一说，《传习录》云："知是行的主意，行是知的功夫。"（《全书》一）又说："知者行之始，行者知之成，圣学只一个工夫，知行不可分作两事。"（同上）又说："知之真切笃实之处即是行，行之明觉精察之处即是知，知行功夫，本不可离，真知即所以为行，不行不足谓之知。"（《全书》二）以为知行本是心之两面，混为一而不可分的。有人说，这知行合一乃是他归儒后不久所倡导者，因视为他独创之见，可是程子也说过这样的话：知至则至于当，知终则终当，便以知为本，知之深则行之必至，知之则未有不能行者，知而不能行，只是知浅。人之为不善，只因为不知，知至是致知也。博学、明辨、审问、慎思皆致知知至之事，笃行便是终之。（《二程遗书》十五）则王氏知行合一之说恐怕是由程子这些话启示不少吧。不过，程子以知为先，以行为后，而阳明则以为全然为一，无分先后，知之完成乃由于行，好像又是发展程子所说。

第二，是心即理说，《传习录》云："诸君要识得我立言宗旨，我如今说个心即理。"（《全书》三）又说："虚灵不昧，众理具而万事出，心外无理，心外无事。"（《全书》一）又说："夫物理不外吾心，外吾心而求物理，无物理矣。"（《全书》二）这些话都以为理即是吾心判断之范畴，这心即理说本来是他四十三岁时倡说的，不过，当他四十七岁时为《象山文集》作序，曾说：

> 圣人之学，心学也。尧、舜、禹之相授受，曰，人心惟危，道心惟微，惟精惟一，允执厥中，此心学之源也。中也者，道心之谓也，道心精一之谓仁。所谓中也，孔孟之学，惟务求仁，盖精一之传也。……至宋，周、程二子始追寻孔、颜之宗。……后有象山陆氏，虽其纯粹和平若不逮于二子，而简

易直截，真有以接孟氏之传。其议论开辟时有异者，乃其气质意见之殊，而要其学之必求诸心，则一而已。(《全书》七，《文录》四)

可见这心即理说也不过是陆象山说的继续，所不同的就只是陆氏高揭唯心论的宇宙观，而阳明则倡导道德哲学之心即理说。

第三，致良知说。这是阳明晚年所倡导的实践道德论，是本于心即理之哲学而来的。所谓致良知，不外以孟子之"良知"释《大学》之"致知"。孟子以为良知乃是非之心，阳明则云"吾心之良知即所谓天理也。"(《全书》二)又云："夫心之本体即天理也，天理之昭明灵觉，所谓良知也。"(《全书》五)由是可见，所谓良知者，就是说，吾人心先天地具有天理(即道德之范畴)，由是之明确地直觉到是非善恶之理者，就是良知。阳明也说："知善知恶是良知。"(《全书》三)这样看来，致良知就是说要把心所有的判别是非善恶、有明昭灵觉作用的良知，推而广之，使得充分发挥其机能的意思。不过这并不是用抽象的理论就可以做到而是需要确实的实行方法的。因而，阳明更进而说那实行的方法，这就是所谓"格物"。据阳明之意，所谓格物之"物"，即事之意，详言之则谓发动意念之事件的意思；"格"者正之意，正不正而使归于正之谓也，正不正即去恶，归于正即为善之意。是以所谓格物者，是就意念所发动的一件件的事情，要避去知为恶，而使直觉为善的意思。要推广吾人之良知，而使之发挥其完全的机能，则须每当意念发动之时扬善而弃恶。《大学》所说"致知在格物"就是这意思。像这样的凡事皆使之就于正轨，即能实行良知所直觉者而丝毫不苟且。这也就是所谓诚意的功夫。由格物致知以至诚意，由诚意而正心，而后修身齐家治国平天下，此为《大学》之教，而其最根本者厥为格物致知，阳明之致良知说，就是照上面所说那样的解释致知格物，而以为道德之极乃在穷极吾心之良知。这个致良知说和朱子的格物致知论同样根据《大学》"致知在格物"句，又同为实践的道德说，然二者之解释乃极其不同。朱子以知为主观的心之作用，以物为客观事物，而主张穷极客观事物之理乃始能充实主观之知云云；至于阳明，则亦以知为主观之作，固不待言，甚至以物亦为主观意念所发动的事件，而主张格物为致良知之实行方法。二者所以有如是差异，原因是在朱子则以为心与理乃对立之二物，而在阳明则以为心即理。存在之理，只在心之良知所判断的善恶是非，此外并无别理，由是可知，阳明之致良知说实在不外是以他那心即理的哲学方法去说明实践方法的一种学说。

近世心理学者分析心之作用多以为具有知、情、意三要素，阳明也说："心一而已，以其全体恻怛而言谓之仁，以其得宜而言谓之义，以其条理而言谓之理。"（《全书》二《答顾东桥》）恻怛即情之意，得其宜（义）之作用即为意，分别条理之作用即为知，可知阳明亦晓得知、情、意这三面要素的。他的心即理说不外就是以分别条理的心之作用为主要的要素，而主张心理合一的意思。这样的他一方承认知情意三面，然另一面又以为潜伏于判断条理的知之作用之根底的还有一个情，综括情、知二面而言，是谓良知。他曾经说："良知只是个是非之心，是非只是个好恶。"（《全书》三）又说："盖良知只是一个天理自然明觉发见处，只是一个真诚恻怛，便是他本体。"（《全书》二）盖他以为判断是非，分别条理之深处，尚有好恶之情与恻怛之心、之情，是以根据好恶恻怛之情而下判断的心之作用，就叫作良知。然所谓良知亦不仅在于分别判断，还在于行为。所以他又说："心之虚明灵觉，即所谓本然之良知也，其虚灵明觉之良知应感而动者，谓之意，有知而后有意，无知则无意矣。"（《全书》二《传集录》中，《答顾东桥书》）又说："意即是行之始。"他这样的比较了由情知而来的良知与由意而来的行之后，更说："必有欲行之心然后知路，欲行之心即是意，即是行之始矣。路歧之险夷，必待身亲履历而后知，岂有不待身亲履历而已先知路歧之险夷者邪？"（同上）其意即谓行未必都是在知之后，因而结论说："知之真切笃实处即是行，行之明觉精察处即是知。真知即所以为行，不行不足谓之知。"（《全书》二）这就是他的知行合一说，改以为条理乃良知之判断，行又是良知之真切笃实之处，则人类之精神活动，除期完成其良知外，实无他途。在这种见解下解释着《大学》之致知的就是他的致良知说。因之，致良知说，可以说是阳明学说之最后结论，所以他就说："圣人之学，惟是致此良知而已。……是故致良知之外无学矣。"（《全书》八）我们可以说，阳明之知行合一之说乃有感于伊川之说而然，其心即理说则得自象山之启示，于是以这心即理的哲学为径，以知行合一说为纬而创立致良知之道德说。

总而言之，阳明学问其要领只在如下三项：一、知行合一说，二、心即理说，三、致良知说。心即理说乃其哲学见解，知行合一与致良知则为其实践道德的见解。普通人都混同阳明与陆子而并称为陆王之学，然不知二者间既有其一致点亦有其不同点。其一致点在于他们同样倡心即理说。然陆子引《大学》"物格然后知至"句及孟子"始条理者智之事也，终条理者圣之事也"语而主张先知后行说，反之，阳明则以为知乃行之知，而主张先行后知，这就是他们的相异点。我们可以说陆王之学其哲学则同轨，其实践道德说则异途吧。

更拿朱子与阳明比较，则前者说理气，后者言唯心，是其哲学亦已不同，至其实践道德虽同本乎《大学》之意，然其释义可各不相同。

朱子作《大学章句》，正旧本之错乱，补残缺而分之为经、传，更加以精微之注解，这已见前述，然阳明则非议朱子之改订而刊行古本《大学》于其序云："旧本析而圣人之意亡矣。"又说："去分章而复旧本……庶几复见圣人之心，而求之者有其要。"（《全书》七）又作《大学问》一篇以致良知说驳朱子之见解。可是朱子与阳明不论哲学与实践道德说实在都是完全相反的。今《大学问》篇被收刻于《全集》第二十六卷中，据说记其前后的钱德洪之言的阳明每见初谒之士，常示之以《大学》与《中庸》之首章，以为此乃圣学之全功所在。而此一篇直至阳明四十六岁征伐思、田二州时，附于钱德洪之最后教训中而为王门教典云。由是思之可见朱王不同主要乃在于对《大学》之释义。近世儒学多欲离五经之正义，表彰《学》《庸》《论》《孟》四书，思由是而阐明孔、曾、思、孟之道统。说到表彰四书，首倡者实为唐之韩退之，他特别看重《孟子》，及周子二程子时代则最看重与《中庸》有密接关系之《易经》。朱子以后，四书并立而以《大学》为中心。《大学》之解释之不同乃为朱王二学之主要分歧点。

　　阳明之学其与朱学不同既已如此，然因当时朱学尚占优势，阳明要说明己之学说与朱子学说并非不同，乃著《朱子晚年定论》一书，这书本来是拔取朱子《文集》中和王学相近似的三十五篇文章，更加以吴澄所说的一篇。他要编这本书的用意大概想由是以证明朱子晚年亦已改变其年岁支离之说而与己说一致这一点吧。大概阳明此书乃本自元之赵汸与明之程敏政所作《朱陆早异晚同说》，而更加以修正。然将此书里面的却也有他中年时的书简而不能算作晚年之说的。是以当时罗钦顺（号整庵）寄书阳明指正其年代之错误，其后陈建（号晴澜）也作《学艺通辩》立朱陆早同晚异以攻击阳明，此书乃为物议之的，可知欲强纳异端于一轨虽如阳明亦不免如此，然这也大概是为了另立新学的必要而不得已这样做的吧。但阳明既殁，其弟子乃更发展师说，而与朱子之学遂益以背离。

　　阳明的学生很多，其著者有钱德洪、王畿、邹守益、欧阳德、聂豹、罗洪先、王艮等。钱、王二子设教浙江，邹、欧阳、聂、罗诸子设教江西，王艮设教江苏，努力宣扬，是以姚江之学，乃弥漫江左。这些门人中最为特出的就是钱德洪、王畿与王艮。

钱德洪，余姚人，号绪山。王畿，山阴人，号龙溪。两人虽同为阳明高足，然悟道之处，各有不同。《明史·儒林传》评此二人云："德洪彻悟不如畿，畿持循亦不如德洪，然畿竟入于禅而德洪犹不失儒者矩镬云。"可知德洪一定是奉守阳明的师训，不会乖离的，而王畿则改正阳明，使近于禅道。据说，阳明晚年出征思、田时，这二位弟子都侍于天泉桥上，各搜沥所得以乞师尊的质正。其时德洪以下列四句作为师门教法：

> 无善无恶心之体，有善有恶意之动。知善知恶是良知，为善去恶是格物。

王畿却以为这是阳明的权法（即方便说），他自己却说出了下列四句：

> 体用显微只是一机，心意知物只是一事。若悟得心是无善无恶之心，则意知物俱是无善无恶。

说完了后，就请阳明下判断，阳明却说这二面都为他平生教法，对"上根人"用王畿所谓四无说，对中根以下人以德洪所谓四有说，然世人上根甚少，故四有说亦不能废弃也云云。细心地研究这个传说可知钱、王二人其所悟道实有大大的悬隔，大概钱德洪是以严守师说而论及意念之发动，则教人判断善恶、去恶就善，而畿则以意念之发动当为权法，即从本体上入悟，倡顿悟之学，是以王氏是以阳明之学更进而接近禅道的人。《明史》亦有一节描其讲学情形云：善谈说能动人，到处听者云集，每讲皆杂以禅机亦不自讳也。

　　王艮，泰州人，字汝止，称曰心斋先生，据云其门徒之多可与王畿伯仲云。不过艮在师事阳明之前已先具成见，盖未必尽以师说者。《明史》评之云："艮本狂士，往往驾师说上之，持论益高远，出入于二氏。"由此可见其一斑，大概王畿、王艮都是凌驾师说而加以新说者，黄宗羲的评语曾说到这点。他说："阳明先生之学，有泰州、龙溪，而风行天下，亦因泰州、龙溪而渐失其传。泰州、龙溪时时不满其师说，益启瞿昙之秘而归之师，益跻阳明而为禅矣。"（《明儒学案》三十三）王艮门人为徐樾，樾之门人为颜均（号山农）、何心隐和罗汝芳等。颜均说："性如明珠不染尘埃，所以，性而任其自然，即人间之道，先儒所教，皆障道者。"其弟子何心隐也这样说："凡有理则必有事，是故理显于事时则为象形，事藏于理时则代无声无臭之超感觉的。"又说："周茂叔等教人无欲，然人心乃不能无欲。"（《明儒学案》三十三）比之这些意见更进一步的，就是李卓吾的猖狂放肆的见解。李卓吾晚年为僧，曾著《藏书》《焚书》《卓吾大德》《观音问》等书，溺于佛教而贬孔子之家法，出入庵院，诳骗妇女，遂为有司所刑。（《日知

录》十八）

徐樾之门人有赵贞吉（号大洲）（据李贽说），亦溺于禅教，力言禅决不碍入道云。贞吉曾综括古今之书而为内、外二篇，内篇名曰《经世通》，其中分史与业二部分，外篇叫作《出世通》，分为说和宗二门，说门解明经律论，宗门则记述着单传直指之宗云，由此可见其醉心禅道之一斑。又曾有德清、蔡子木者问道于贞吉，他于是示之以七图而教之云，这个七图大概学自禅家伪仰宗里以图相示教旨的意义。（《明儒学案》三十三）

颜均弟子又有罗汝芳近溪其人者，据云亦能继其学，他也是把阳明学说禅宗化的人。颇能得其祖师禅道之精华云。近溪门人又有杨起元，他以为明德之本体人人皆同，是以为学之道最要者在人自识其本体。这也可以说是以释氏之作用而解说王学的一种。（《明儒学案》三十四）

由是可见，阳明之学自王畿、王艮以下已逐渐禅宗化，至其极端，则为李卓吾主放纵无耻之行，王世贞云："今之学者偶有所窥，则欲尽废先儒之说而出其上，不学则借一贯之言以文其陋，无行则逃之性命之乡，以便人不可诘。"这可以说是针对当时学风的一种评论吧。

第三十章

清学之演变

及明亡而清兴，经术遂昌明一时，尤重程、朱之学。是以国初则有奉程、朱之学的顾炎武，祖述陆、王之黄宗羲，折衷朱、王之孙奇峰等，其后占显要于朝廷之学者如汤文正斌、魏果敏象枢、李文贞光地、熊文端赐履、张清格伯行、朱文端轼、杨文定名时、蔡文勤世远、雷副宪铉、陈文恭宏谋等，大抵皆遵奉程、朱之学者，康熙五十二年（公元1713年），敕李光地编纂《周易折衷》，自是以后，雍正中敕纂《诗》《书》《春秋》之《传说汇纂》，降而至乾隆十三年（公元1748年）作《三礼义疏》，经书注释，就逐渐完成。大概这些书都本自朱子传注而又折衷诸家者，是以程、朱之学，当为清朝公许之学。

有明一代王学流行势压朱学，然既入清代，风气一变，而朱子之学乃为当时的指导精神。

然而清朝学术之特色乃不在程、朱学派之活动而在始自明遗臣黄宗羲、顾炎武等的考证学之兴隆。

黄宗羲（公元1609—1695年），字太冲，号梨洲，又号南雷，其学乃继自明末刘宗周（公元1578—1645年，字起东，号念台，又号蕺山），初学程、朱之学，后信王阳明，然恶龙溪末学空论本体而流于禅，是以力言慎独之功夫，思由是以振兴王学。黄宗羲夙受其训乃以慎独为旨，重致用抱经世大策，志图恢复明朝，然其志不成，仅在学问上留下不朽的功绩。他讨厌明人那种尝语录之糟粕而为游说的方法，于是先穷《六经》，次读历史，欲得实际上可以活用的学问。本此怀抱他就整理明代学者的著述，撰《明儒学案》六十二卷，指摘龙溪后学之流弊，阐明阳明之精髓，怀着同样的希望，他又作《宋元学案》，然书未完成，人已死去，其子黄石家乃续成之，更经全谢山之整理，乃成今日所存之《宋元学案》一百卷。《明儒学案》与《宋元学案》，可谓中国之学术史或思想史之第一部著作，其裨益后学，良非浅鲜。万斯同就是出自他的门下，长于历史学，独著《明史稿》五百卷。斯同乡人全祖望谢山亦私淑黄宗羲，完成《宋元学案》，又著《经史问答》。总之，黄宗羲也是阳明学者，本阳明六经皆史的见地，而一切皆以历史眼光观察，由是他可以说是促进清代史学发展的第一人。他又有《易学象数论》之著而批判易图，其弟之子黄宗炎亦著《图书辩惑》，此二书可谓为后来胡渭的《易图明辨》之滥觞。

顾炎武（公元1613—1682年），字宁人，号亭林，昆山人，明代学风驰于空疏，无视六经，多谈空义，亭林疾之，乃精读古典，跋涉天下，实地征之，考古按今，以求永世断案，遗作有

《日知录》三十卷及其他各书，他本是尊重程、朱之学的，是以排斥王阳明，又轻视宋、明语录，而重六经，以为经学即理学，经学之外别立理学乃是错见云。(《亭林文集》下《学指南序》及全谢山《亭林先生神道表》引顾氏之言）以为要研究经学一定要博集证据，始能得精当之判断，是以慕其学风者皆以考证攻究经书，其后学考证家踵出，为清学别开生面。

顾炎武后辈就是阎若璩，阎（公元1636—1704年），字百诗，太原人，据传顾炎武游太原时曾会见过他，又在炎武所作的《广韵》初版的校刊者人名中有"受业阎若璩"（《汉学师承记》卷一）之名，则他恐怕是曾经就学于顾氏之门吧。他是个非常勤学的人，毕生尽心研究《尚书》，二十四岁时读《尚书》，疑心其中的二十五篇乃后人伪作，于是为了证明这点怀疑，乃罗列百二十八条理由，而著《古文尚书疏证》八卷。而与他同时的程定祚著《晚书订伪》，少后则惠栋（公元1697—1785年）著《古文尚书考》，赞同阎氏之意，自是以来，所谓《书经》之一半乃东晋人所伪作的见解，已成学界定评。虽黄宗羲门下毛奇龄曾作《尚书冤词》反对阎氏意见，然亦不能动摇已成定评之舆论。更后则惠栋门下，出江声与王鸣盛二人，前者著《尚书音疏》，后者作《尚书后案》，引用了很多后汉学者马融与郑玄的注释，由是以阐明千余年来，付之等闲的汉代之经说。所以后人称他们所研究的经学为汉学原来是针对宋之经学而言的。在被断定为东晋人伪作的二十五篇中，如宋、明儒者借之为论心性的典据的《大禹谟》

篇也在其中。抹杀了它，就可以差不多动摇了程、朱学说的基础，同时由江、王诸家所搜集的汉人之经注与程、朱之解释亦有很大的出入，这也是足以减轻人们对程、朱的信仰的。

胡渭（公元1633—1714年），是与阎若璩同时的学者字胐明，德清人，长地理学，曾参编纂《大清一经志》，著《易图明辨》十卷，辨明河图、洛书与《易》并无关系，这种意见黄宗羲的《易学象数论》及黄宗炎之《图书辨惑》都已说过，故不能称为他的创见，不过也可以说到了他才把这问题更详细地研究了吧。这样地从《易》里面排除了河图、洛书，就等于从根本上打碎了朱子《周易本义》及《易学启蒙》的见解，同时也就是摇动了朱学的基础了。

下而至康熙、乾隆之间，安徽婺源，有江永（公元1681—1762年）出。婺源乃朱子故乡，江氏尊崇其乡先贤之学而修朱子学，修正朱子《仪礼经传通解》作《礼书纲目》八十八卷，又为《近思录》作集注，而于数学、音韵学造诣尤深。戴震就是他的学生。段玉裁、王念孙皆出自震之门下，自是以《说文》《尔雅》为基础的训诂音韵之学也就大兴，这些学问的发达，常常证明宋、明学者之经义并不成立，而亦动摇程、朱学说之基础。其中戴震更从孟子搜集所谓道、理、性、情、才、心之用例，归纳地加以考证，比对孟子与宋、明经学之说明，乃知宋、明学者之集注与原义乃大有出入，这个所给予程、朱学说的打击，更为重大。

这样的各方面的研究，都使宋学陷于不利，其结果使程、朱学者与清代学者间，生感情的悬隔，于是考证学者就高揭汉学之旗，而对峙于宋学，受学于惠栋的江潘所著之《汉学师承记》里面就常常有这种意思。

这样一来，汉学与宋学的冲突遂到了最激烈的程度，宋学派中亦有强者出而奋然报以一失。桐城派方东树所著之《汉学商兑》，正可谓为应战之始，所谓桐城派者，就是指本以安徽桐城为根据地之宋学派，其源出自方苞（号望溪）（公元1668—1749年），方望溪长经学、文学，且为被命为编纂《三礼义疏》之学者，其弟子有刘大櫆者善古文，大櫆门人为姚鼐，继先人之遗绪，大兴所谓桐城派之古文学派。姚鼐（公元1731—1815年），字姬传，号惜抱轩，文学家而兼通经学，也是兼义理、考据、诗词于一身的人，常谓，不兼是三者则不得为当世之儒者云。姚氏对当时汉学，颇致不满，云："今之士大夫之所谓汉学者，只是考证一事，考证固不可废，然亦安得与宋大儒之所得者并论哉，世之君子以该博取名者，遂不经闽、洛，是当今之大患，是亦衣冠中之邪教。"其门人方东树比他更进一步，简直对汉学取着攻势，他摘录汉学非难宋学者之言，一一加以驳论，且骂曰："历观近世汉学者之言，其宗旨不出训诂小学名物制度，而圣人之躬行求仁、修齐治平之教，皆被抹杀，名曰治经实为乱经，名曰卫道实为叛道。"这可以说是宋学对汉学的正面冲突了，然平心而论，则方东树之骂言，亦未免失之过激，所以其后桐城派骁将曾国藩（公元1811—1872年）于《圣哲画像记》主张调停之说："自朱子表彰周子、二程子、张子，以为上承孔、孟之传，后世君相师儒笃守其说，莫之或易。乾隆中，闳儒辈起，训话博辨，度越昔贤，别立微志，号曰汉学，摈有宋五子之术，以谓不得独尊。而笃信五子者，亦摒弃汉学，以为破碎害道，斷斷焉而未有已，吾观五子立言，其大者多合于洙泗，何可议也？其训释诸经小有不当，固当取近世经说以辅翼之，又何可摒弃群言以自缢乎？”然曾氏如是理想，亦未成就。直至清末陈澧（公元1810—1882年）始稍能实行其理想。他作《汉儒通义》及《东塾读书记》，取汉学长处亦取朱学之优点。他以为汉儒也有理，与宋学初无二致，而汉学之考证实亦发源于朱子云。与他同时的还有九江朱次琦（公元1808—1882年）仿江藩之《汉学师承记》作《国朝儒宗》，视汉、宋学为一体而作学案，是亦可谓曾氏理想具体化之一端。其门人简朝亮之《论语集注述疏》，则一方本于朱注更以近世研究而订正其说，一方还加以注疏。这也可说是部分地实现了曾氏的理想了吧。由是可见，嘉庆、道光以后，以汉学订正朱学的倾向已多少发生了。